新时代浙商管理经验丛书

U0615605

本书由台州市与浙江大学科技合作专项项目（台州市上市公司国际化发展现状及策略研究，项目编号：2018CJS01）资助。

新时代浙商国际化管理经验

黄纯 蔡宁 编著

经济管理出版社
ECONOMY & MANAGEMENT PUBLISHING HOUSE

图书在版编目（CIP）数据

新时代浙商国际化管理经验 / 黄纯，蔡宁编著 . —北京：经济管理出版社，2019.12（2020.11 重印

ISBN 978-7-5096-5377-7

Ⅰ . ①新… Ⅱ . ①黄… ②蔡… Ⅲ . ①企业管理—国际化—经验—浙江

Ⅳ . ① F279.275.5

中国版本图书馆 CIP 数据核字（2019）第 274185 号

组稿编辑：张莉琼

责任编辑：张 艳 张莉琼

责任印制：黄章平

责任校对：陈晓霞

出版发行：经济管理出版社

（北京市海淀区北蜂窝 8 号中雅大厦 A 座 11 层 100038）

网 址：www.E-mp.com.cn

电 话：（010）51915602

印 刷：北京虎彩文化传播有限公司

经 销：新华书店

开 本：710mm×1000mm/16

印 张：13.75

字 数：219 千字

版 次：2019 年 12 月第 1 版 2020 年 11 月第 2 次印刷

书 号：ISBN 978-7-5096-5377-7

定 价：78.00 元

总　序

　　浙商是中国当代四大商帮之首。千余年来浙商风云际会，人才辈出，在浙江乃至世界各地书写了波澜壮阔的商业历史。从唐朝资本主义萌芽，到明清时期民族工商业的脊梁，浙商用敢闯敢拼的进取精神和踏实肯干的务实作风，用一幕幕商业实践写书了中国民族资本主义发展的篇章。历史上，大量浙商曾在民族经济和民族企业发展过程中留下了浓墨重彩的一笔，如明初天下首富沈万三、清末红顶商人胡雪岩、五金大亨叶澄衷等。自改革开放以来，大批浙商纷纷登上时代的舞台，秉持"历经千辛万苦、说尽千言万语、走遍千山万水、想尽千方百计"的"四千"精神，在改革开放中取得了举世瞩目的巨大成就，一大批知名企业家如鲁冠球、马云、李书福、杨元庆、宗庆后、任正非等走在了中国改革开放的最前沿，成为改革开放的商业领袖，引领浙商企业在商业实践中砥砺前行，取得了空前伟业。

　　随着中国民营经济的蓬勃发展，浙商企业已成为中国民营企业发展的一面响亮旗帜，威名响彻大江南北。"浙商"企业早已不是当初民营经济的"试水者"，而是助推中国经济腾飞的"弄潮儿"。"冰冻三尺非一日之寒"，浙商企业的成功既有其历史偶然性，也有其历史必然性。浙商企业的蓬勃发展是中国改革开放的一个缩影，通过"千方百计提升品牌，千方百计保持市场，千方百计自主创新，千方百计改善管理"的新"四千"精神，浙商企业在激烈的市场竞争中占据重要地位，浙商企业的管理实践经验对中国本土企业的发展有着深刻的启迪和引领作用。这其中蕴含的丰富管理理论和实践经验需要深入挖掘。

　　特别是当前中国特色社会主义进入了新时代，这是我国历史发展新的方位。新时代下互联网经济和数字经济引领发展，以阿里巴巴为代表的移动支付等数字交易平台发展在全球领先，新经济催生了新的管理理念和管理模式，新时代催生浙商新使命、新征程、新作为和新高度。对新时代浙商企业管理经验的全方位解读，并产出科研和教学成果，既是产学、产教融合的有效途径，也是浙商群体乃至其他商业群体发展的指路明灯。

2019 年恰逢中华人民共和国成立 70 周年，浙江财经大学成立 45 周年，浙江财经大学工商管理学院成立 20 周年。浙江财经大学工商管理学院在全院师生的不懈努力下，在人才培养、科学研究和社会服务方面做出了理想的成绩。新时代工商管理学院也对商科教育不断开拓创新，坚持"理论源于实践，理论结合实践，理论指导实践"思想重新认知和梳理新商科理念。值此举国欢庆之际，浙江财经大学工商管理学院聚全院之智，对新时代浙商管理经验进行总结编纂，围绕新时代浙商管理经验展开剖析，对新时代浙商企业的实践管理经验进行精耕细作的探讨。深入挖掘浙商企业成功的内在原因，进一步探讨新时代浙商企业面临的机遇和挑战。我们期望，这一工作将对传承浙商改革创新和拼搏进取的精神、引领企业发展以及助推中国浙江的经济高质量发展起到重要作用。

本丛书研究主题涵盖新时代浙商企业管理的各个方面，具体包括："新时代浙商企业技术和创新管理经验""新时代浙商文化科技融合经验""新时代浙商互联网＋营销管理经验""新时代浙商跨国并购协同整合管理经验""新时代浙商绿色管理经验""新时代浙商社会责任管理经验""新时代浙商国际化经营管理经验""新时代浙商互联网＋制造管理经验""新时代浙商知识管理经验""新时代浙商商业模式创新经验""新时代浙商战略管理经验""新时代浙商营销管理经验"等。本丛书通过对一个个典型浙商管理案例和经验进行深度剖析，力求从多个维度或不同视角全方位地阐述浙商企业在改革开放中取得的伟大成就，探讨全面深化改革和浙商管理创新等的内涵及其关系，进一步传承浙商的人文和商业精神，同时形成浙商管理经验的系统理论体系。

本丛书是我院学者多年来对浙商企业管理实践的学术研究成果的结晶。希望本丛书的出版为中国特色管理理论发展奠定坚实的现实基础，给广大浙商以激荡于心的豪情、磅礴于怀的信心、砥砺前行的勇气，在新时代去创造更多的商业奇迹，续写浙商传奇的辉煌。相信本丛书的出版在一定程度上会对新时代其他企业的发展提供必要的智力支持，从多个角度助推中国民营经济的发展。

浙江财经大学党委宣传部部长

董进才教授

PREFACE
前 言

　　本书是关于浙商国际化管理经验案例的选编，汇集了近二十几年来浙商走向国际化的探索和经验，向读者生动地呈现了浙江企业国际化管理经验的现实样本。

　　近年来，随着一批中国企业相继走出国门，也引起了中国企业现在要不要国际化、国际化路径怎么选择的争论。先是有声音质疑海尔的美国建厂，后又有声音质疑跨国并购的效果。但是，在向海外扩展的同时，越来越多的大陆企业逐渐发现，发展海外业务不仅是一个全新的开始，也在很大程度上代表着一个巨大的飞跃，因为它们需要改变自身的做事方式、管理结构以及企业文化。

　　中国企业的国际化经营虽然进入新的发展机遇期，并取得了很大的成绩，但是国际化程度还不高，发展还不成熟，同全球著名跨国公司的国际化经营水平相比还存在较大的差距。中国企业国际化水平提高还存在一些障碍，比如资金障碍，中国企业在国际化经营过程中普遍面临资金不足的障碍，导致发展速度慢，投资规模小、生产经营不成规模、海外并购对象质量不高等情况长期存在。人才障碍，国际化企业需要国际化的人才，中国企业在国际化过程中面临国际化人才匮乏的突出问题，国内企业现有人才不能适应海外市场，这是目前最令企业头疼的问题。由于缺乏具有国际化经营经验的营销人才、国际经营管理人才、法律人才、金融人才，严重限制了中国企业的国际化发展。管理障碍，国际化经营对企业管理提出了更高的要求。目前中国企业普遍缺乏跨国管理的经验，组织现有的管理能力很难适应企业国际化的需要。管理障碍突出表现在：①没有全球化的组织架构；②缺乏跨文化整合能力；③不具备全球化思维模式。品牌障碍，品牌价值是一个企业综合实力的体现，如何让自己的品牌得到海外消费者的认可，是几乎所有中国企业必须跨越的障碍。

目前对于中国企业来说，走向国际化正赶上好的时代。首先，"三中全会"进一步明确了走出去的发展战略，确立了企业和个人对外投资的主体地位。习近平提出"一带一路"倡议，为中国企业进一步开拓海外市场开辟了新天地，而且 400 亿元的丝路基金为此提供了资金的支持，因而中国企业对外投资的增速将会进一步提高。其次，全球跨境投资规模已经开始回升，大环境开始转暖，国内经济发展，给对外投资奠定了坚实基础。我们相信在未来一个时期，在大家的共同努力之下，中国对外投资的增速将会进一步提高，中国的企业走出去对外投资，应该说是可以大有可为的。

改革开放 40 余年，浙江省中小企业得到迅猛发展，数量已占浙江省企业总数的 99% 以上，工业总产值、工业增加值已占全省的 80% 以上，财政税收、出口总额已占全省总额的 60% 以上，吸纳的城镇就业人数超过 90%。数据表明，中小企业已然成为浙江省国民经济和社会发展的重要力量。而在中国的中小企业中，浙江省中小企业无论在国内经营还是在国际舞台上都是国内企业的典范。在开放经济的背景下，浙江省众多的中小企业动态地利用和发挥各类比较优势，从而获得众多劳动密集型产品的出口优势，实现传统比较优势的深化。

浙江省中小企业转型升级经受了国际金融危机的严峻考验，也经受了复杂多变经济环境影响，2019 年浙江省中小企业发展又遇到新困难。虽然浙江省在培育出口主导产品，提高产业升级方面，与其他省市相比，已经初步形成一定的地方特色，但是从国际上来说，浙江省许多工业产品的价格、性能都居于劣势，即使是浙江省占比较优势的家电行业，产品的核心技术仍依靠引进，这与企业的研发水平有着直接的关系。浙江的企业缺乏技术优势、创新能力不足，大多数企业仍然是在产品的标准化阶段进入发达国家，依靠发达国家进行转移，对发达国家创新的产品进行仿制和改造，利用劳动力成本低的优势来延长产品的生命周期，这导致浙江省对外投资的企业多数为贸易加工型，境外投资项目多集中在附加值不高、技术含量较低的劳动密集型产业，其产品和技术大多属于模仿性质，创新较少，竞争性不强，以进入低端市场尤其是落后的发展中国家为主，从长远来看，在国际竞争环节中处于非常不利的地位。而且，近两年中小企业在外贸领域的高速增长，在很大程度上是进出口权放开产生的政策效应。对于刚进入外贸领域的大部分中小企业来说，跨国经营的主要方式还是间接出口和直接出口，对于这些企业来讲，由于资金周转周期长，企业很难有足够的资金去提升跨国经营的实力，资金"瓶颈"问题已然成为许多企业跨国经营的一大障碍。浙江省企业跨国经营还缺少足够的海外经营经验，海外投资停留在小规模、试探性的发展阶段。基于此，我们编写了《新时代浙商国际化管理经验》一书，以期为更多有需要的企业家、创业者或者相关专业的学生提供一些参考。

本书汇集了近些年来浙江企业走向国际化的探索以及成功经验，向读者生动地呈现了浙江企业走向国际化，实现国际化管理经验的现实样本，通过案例系统总结了这些企业在国际化管理经验方面的经验和启示。

本书内容共分为六章：第一章为企业国际化管理经验发展背景及趋势，主要针对国内外企业国际化发展情况、浙江省国际化发展情况进行概述，整理总结新时代浙商国际化管理相关政策，并分析目前浙江省企业在国际化管理过程中存在的主要且普遍的问题；第二章为企业国际化管理经验的理论基础，主要是对市场国际化管理、技术国际化管理和资本国际化管理等战略模式进行理论探讨；第三章为浙商企业市场国际化管理经验案例研究，选择华立集团作为标杆案例进行分析，以联化科技股份有限公司、浙江华海药业股份有限公司、浙江济民制药股份有限公司和浙江新界泵业有限公司案例分析作为典型案例，总结出企业市场国际化管理经验的发展路径；第四章为浙商企业技术国际化管理经验案例研究，选择吉利控股作为标杆案例进行分析，以杰克缝纫机股份有限公司、浙江银轮机械股份有限公司、钱江摩托股份有限公司、浙江海正药业股份有限公司作为典型案例，总结出企业技术国际化管理经验的经验和发展路径；第五章为浙商企业资本国际化管理经验案例研究，选择复星集团作为标杆案例进行分析，以浙江水晶光电科技股份有限公司、浙江天成科技有限公司和万象集团公司作为典型案例，总结出企业资本国际化管理的经验和发展路径；第六章为浙商企业国际化管理经验发展策略研究，主要从政府对策研究和企业对策研究两个方面进行分析，包括拓展境外标的获取渠道、搭建信息共享平台，优化海外经营融资环境、做好金融服务工作，畅通引才用才渠道、构建本土化人才培养模式，发挥龙头带动工作、鼓励企业"抱团出海"等各个方面。

本书以案例的形式呈现浙商国际化管理的经验，前两章对浙商企业国际化管理进行了理论概述和背景分析，使读者对目前的国际化管理现状和趋势有一定的了解；第三章至第五章则分类展示了企业应用不同类型国际化管理的案例经验，向读者呈现出浙商国际化管理经验的成效与亮点；第六章则根据浙商企业存在的问题系统总结了浙商龙头企业探索国际化管理经验与发展过程中可借鉴、可复制、可推广的经验以及进一步发展的启示，为扎实推进企业国际管理经验提供指导。

书中选取的案例是浙商国际化管理经验的典型案例代表，浙江是我国企业国际化发展最快的省份之一，台州市是浙江民营经济的代表和股份制企业改革的典型代表，改革开放40余年来，出现了许多壮大起来的国际化浙商企业。它们充分发挥新时代浙商精神，敢闯敢试、敢为人先，在企业的国际化管理上走在全国前列，浙江省内企业成规模地"走出去"，实现国际化管理经验，将成为新时代浙江省经济发展的新特点，创新开放的新路径，全面助力浙江省乃至全国的经济高质量发展。

本书是集体智慧的结晶。参与本书资料收集和整理撰写的浙江财经大学研究生有：陈琛、蔡琰、章骞云、郑王雄杰等，在此一并向他们表示感谢。

本书可以作为相关专业（工商管理、市场营销、电子商务、国际商务等）研究生、本科生、高职生学习"管理学""营销学""创新创业管理""国际贸易"等相关课程的案例教学参考书、实训实践指导书或课外阅读书目，还可以为从事国际化管理相关工作的职场人士（如外贸人员、销售人员、创业人员、管理人员等）提供实践和操作指导。

尽管笔者已经做出最大的努力，但由于水平有限，加上编写时间比较仓促，书中难免存在不当或者错漏之处，敬请各位专家、学者、老师和同学批评指正。

黄　纯

2019 年 7 月 22 日于杭州

DIRECTORY
目 录

第一章

企业国际化管理经验发展背景及趋势

经济全球化正使世界经济经历着一场全面而又深刻的变革，几乎所有国家都在面对其给予的机遇和挑战。随着各国企业国际化进程的加快，跨国公司逐渐成为世界经济舞台的主角，关于发达国家以及发展中国家企业的国际化问题也成为国际商务研究领域的热点。中国国内市场不断开放，市场竞争激烈程度不断增加，这需要在更大范围、更高平台上考虑企业管理问题，以国际化视角考虑区域经济发展问题。近年来，企业走向国际化趋势越发火热，随着信息和通信技术的发展、市场全球化趋势加强，越来越多的企业开始向海外拓展业务。

第一节　国内外企业国际化发展情况

一、国外发展情况

世界主要国家的经济国际化经历了不同的发展历程，第二次世界大战以来，美国成为经济国际化的先行者，日本以及欧洲许多发达国家也开始跟进。21世纪以来，以中国、印度等为代表的发展中国家也逐渐进入经济国际化的行列。各国跨国公司快速发展，对外直接投资的规模不断扩大、结构不断升级，在促进各国经济发展和经济全球化方面发挥了越来越重要的作用。近年来，不仅是大企业走向国际化的趋势越发火热，活跃在国际舞台上的中小企业也逐步走向国际化。在欧洲、亚洲和美国、澳大利亚，随着信息和通信技术的发展、市场全球化趋势的加强，加之其他促进因素，越来越多的中小企业开始向海外拓展业务。

1. 美国

美国是经济实力最为雄厚的发达国家，一直以来美国积极倡导和努力推动经济全球化。美国的国际化进程起步早，以 1867 年美国胜家公司在苏格兰开办制造厂为标志，后起的资本主义国家美国正式开始对外直接投资。20 世纪 90 年代以来，美国对外直接投资的规模和速度迅速地扩张加快，到 2010 年，美国对外直接投资存量达到 48433.25 亿美元，是 1990 年的 11.25 倍。美国的对外直接投资方式主要以跨国并购和新建企业为主，并因国家类型的不同而进行调整。在发达国家美国更愿意采用跨国并购的方式；在发展中国家则采用新建企业的方式。

美国早期的投资对象重点以周边国家和经济落后地区为主，对其进行直接投资，加紧对亚洲、非洲和大洋洲的经济扩张，后期慢慢加大对经济发达国家和地区的投资力度，尤其是对加拿大和欧洲。虽然美国企业的对外投资大多在发达国家，不过，近些年来，美国的中小企业更倾向于去发展中国家投资。从地理分布来看，东南亚目前是美国中小型跨国公司的第二大直接投资区域，这与日本的情况相似。在东南亚地区，东亚新兴工业化国家和菲律宾受益最多。加拿大、中东和一些拉美国家依然是主要的投资区域。墨西哥作为美国小企业的第二大投资国，今后可能会随着北美自由贸易区的发展提高其地位。美国中小型跨国公司在东南亚和其他地区的投资涉及的行业很广。

美国政府为鼓励企业参与到国际化经营的竞争进程中，采取了特定的专项金融支持政策，尤其是针对资金短缺的中小企业。中小企业规模小，资金短缺是其发展遇到的最大现实问题，更是其国际化进程中不可忽视的重大障碍。因为资金短缺，在跨国经营时，抗风险能力更弱，走出国门的信心不足。美国针对中小企业资金困难的现实状况，制订和实行了国际贸易信贷计划和出口周转资金贷款计划等，对积极参与到国际贸易的美国中小企业提供贷款支持，这种贷款支持具有优惠性质，对中小企业参与到国际化经营中可以起到刺激和鼓励作用。

2. 欧盟

发达国家跨国公司在发展初期，均是选择贸易的方式进入国际化市场。英国在其经济最发达时期，采用垄断国际贸易进行资本原始积累，比如东印度公司便是其早期垄断远东和印度的香料、棉织品、丝绸等商品贸易的代表性跨国企业。随着国际传统产品市场的日趋饱和，竞争日益激烈，欧洲国家开始借助中小企业生产精密产品和高档消费品占领国际市场。同时，一部分中小企业开始成为大企业的分包商，通过向大跨国公司出售专利和许可证；另一部分中小企业以独立企业的身份参与技术输出。西欧国家的中小企业技术转让，主要是劳动密集型技术和小规模生产技术，也有一小部分尖端技术。西欧不仅是欧洲中小型跨国企业最大的母公司所在地区，也是它们最大的投资区域。西欧日益吸引国内外的投资者，部分原因是欧盟统一大市场的前景。欧洲统一大市场的前景将影响中小企业跨国经营的模式，而附近的发展中国家和转型国家可能从为西欧市场服务的中小企业投资中获益。

欧盟中小企业国际化经营的主要方式包括：在国外设厂、签订许可证合同、委托代理商，在国内建立专门从事出口业务的中小企业集群等。同时，欧盟为了进一步发挥中小企业在经济增长、提供就业机会等方面的巨大作用，增强欧盟中小企业在国际市场的竞争能力，不断加大中小企业投资力度，实行对中小企业的优惠政策，通过大力发展欧洲信息中心（EICS），为各类企业提供全球市场信息服务。此外，欧盟还通过征求合作伙伴计划，辅助各类企业在全球范围内寻找合作伙伴，签订合作协议或合同。在德国，政府鼓励和组织某些机构、一些行业或企业协会，加强对各类企业国际化问题的研究，帮助企业制定企业国际化战略，以及帮助企业设计国际化战略实施路径和具体方案，有时还开展某些区域的经济发展趋势等专题研究，为某些企业的生产和销售决策奠定基础。

3. 日本

虽然曾经世界范围内企业国际化的主力军是美国、西欧等发达国家或地区，但随着时间的推进，以日本、韩国为代表的东北亚国家企业国际化程度的增强改变了世界经济格局，尤其在经济全球化日益发展的今天，新兴市场的崛起更使发展中国家的企业国际化力量不容小觑。

企业国际化经营比较成功的一般都是规模庞大的跨国公司，中小企业往往是企业国际化经营中的弱势群体。就日本而言，其既是发达国家中为中小企业立法最为完善的国家之一，也是政府扶持手段最多的国家之一。有关中小企业的法律，自 1949 年以后，日本政府就颁布了 30 多条，对不同行业的中小企业都予以明确界定，这样政策支持的指向性就便于实施，政策效果明显。针对中小企业开展国际化经营，日本政府出台了多种政策支持，国际化支援政策体系比较完备。国际化支援政策体系中包含促进中小企业顺利开展海外业务政策、对外贸易政策、国际交流政策及其他政策措施。为有效贯彻实施这些政策，还专门设立企业国际化支援机构，即中小企业基础整备机构与日本贸易振兴机构等。

日本的企业经历了逐步从20世纪60年代的轻工业部门向70年代和80年代前期的重工业部门，再转向80年代中后期以来的服务业的过程，这与日本和其他发达国家经济结构的变化是相适应的。从出口商品结构看，日本中小企业的出口商品从劳动密集型的低附加价值的产品，如纺织品、工艺品、木制品等，向技术和知识密集型的高附加价值的产品，如电子手表、计算器、计算机辅助设备、办公设备等转变；从出口市场看，日本中小企业从美国和东南亚转向其他国家和地区，以改变其对某些国家和地区市场的过度依赖。日本企业对外直接投资的规模与它们在母国经济中的作用相关。与大跨国公司的海外直接投资地理分布相比，日本的中小企业比较集中在发达国家，尤其是在北美进行直接投资。然而，所有的企业都认为东南亚也是重要的投资地。虽然各种规模的企业都集中在北美和东南亚进行直接投资，但大公司的直接投资在各地区分布相对比较均衡，而中小企业的这种集中程度更高一些。东南亚是日本中小制造型企业的重要投资地，而服务业的对外直接投资主要设在北美。在东南亚建立生产设施，在北美建立分销机构，成为日本中小型跨国企业对外直接投资的重要特征。

二、国内发展情况

1978年我国实施改革开放政策后初步兴起对外投资，近40年我国对外直接投资发生了如下变化：投资流量从2002~2016年实现年均36%的高速发展；投资主体从仅有国有企业到国有、民营和外资等多主体共同投资；投资领域由初级贸易型企业发展到现在覆盖18个行业大类再到服务业投资逐步增多的全行业投资；投资区位从欧美发达国家发展到遍布全球190个国家（区域）。过去数十年，经济全球化对世界经济发展做出了重要贡献，成为不可逆转的时代潮流，在全球经济遭遇曲折的时候，中国成为新一轮全球化的支持者、塑造者和引领者。中国在全球治理中主张开放包容、普惠平衡的理念，追求公正共赢。在国际经贸方面，中国支持多边贸易体制，进一步扩大开放，实施了一系列扩大开放的重大举措，大幅度放宽市场准入，创造更有吸引力的投资环境，并加强知识产权保护。中国提出"一带一路"倡议，为中国企业"走出去"提供新的机遇和更广阔的天地。

1. 对外直接投资流量首次出现负增长，规模位居全球第三

自 2002 年以来，我国对外直接投资额一路呈上升态势。中国作为后发新兴经济体不仅具有劳动力密集优势也具有技术方面的后发优势，我国的一些产业开始具备国际领先技术，加快了中国对外直接投资的步伐；2002~2007 年我国对外直接投资增长相对较为缓慢，但 2008 年在全球金融危机爆发的背景下，我国对外投资额却增长了近 1 倍，达到 559.07 亿美元。经过 2008~2011 年稳中向好的发展，2012 年开始，中国对外非金融类直接投资一路大幅上升，尤其是"一带一路"倡议的实施带动沿线投资热点的增加，2016 年达到 1961.49 亿美元的峰值，但 2017 年开始有所下滑，2017 年的对外投资额为 1582.88 亿美元，较 2016 年减少了 378.61 亿美元，同比下降 19.3%（见图 1-1）。中国企业对外直接投资迎来自 2002 年中国政府对外公布这项数据以来的首次下降，但仍为历史第二高位（仅次于 2016 年），占全球比重连续两年超过一成，中国对外直接投资在全球外国直接投资中的影响力不断扩大。投资规模仅次于美国（3422.7 亿美元）和日本（1604.5 亿美元），位居全球第三，较 2016 年下降一位。从双向投资情况看，中国对外直接投资流量已连续三年高于吸引外资。

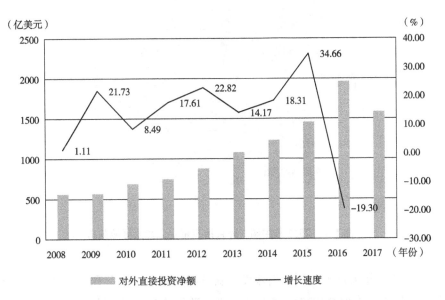

图 1-1　2008~2017 年中国对外直接投资额变化情况

2. 对外直接投资主要流向"一带一路"沿线国家，对美投资大幅下降

从海外投资的区域分布看，2017 年中国境内投资者在全球设立对外直接投资企业共计 3.92 万家，相较于 2016 年，增加了 2100 多家，遍布全球超过 80% 的国家。从覆盖面来讲，中国在亚洲设立的境外企业数量超过 2.2 万家，占总数的 56.3%，覆盖的国家和地区包括中国香港、新加坡、日本、越南、韩国等 46 个，覆盖率高达 97.9%；在北美洲设立的境外企业约 5900 家，占 15.1%，主要分布在美国、加拿大等国家，覆盖率为 75%；在欧洲设立的境外企业有 4200 家左右，占 10.7%，主要分布在俄罗斯、德国、英国、荷兰等 43 个国家，覆盖率达到 87.8%；在非洲设立的境外企业超过 3400 家，占 8.7%，分布在赞比亚、尼日利亚、埃塞俄比亚等 52 个国家，覆盖率高达 86.7%；在拉丁美洲设立的境外企业超过 2200 家，占 5.7%，分布在巴西、墨西哥、委内瑞拉、厄瓜多尔等 33 个国家，覆盖率为 67.3%；在大洋洲设立的境外企业超过 1300 多家，占 3.5%，分布在澳大利亚、新西兰、巴布新几内亚等 12 个国家，覆盖率为 50%（见图 1-2）。

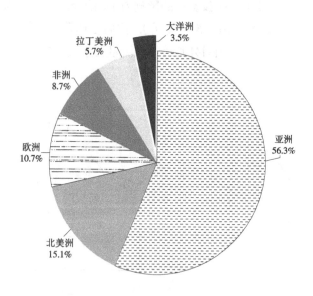

图 1-2　2017 年中国对外直接投资企业数量区域分布

自 2013 年习近平分别提出建设"新丝绸之路经济带"和"21 世纪海上丝绸之路"的合作倡议以来，根据"一带一路"走向，我国陆上依托国际大通

道，以沿线中心城市为支撑，以重点经贸产业园区为合作平台，共同打造新亚欧大陆桥、中蒙俄、中国—中亚—西亚、中国—中南半岛等国际经济合作走廊；海上以重点港口为节点，共同建设通畅安全高效的运输大通道。2017年，我国企业共对"一带一路"沿线的 59 个国家非金融类直接投资 143.6 亿美元（见图 1-3），同比下降 1.2%，占同期总额的 12%，较 2016 年提升了 3.5 个百分点，主要投向新加坡、马来西亚、老挝、印度尼西亚、巴基斯坦、越南、俄罗斯、阿联酋和柬埔寨等国家。对"一带一路"沿线国家实施并购 62 起，投资额 88 亿美元，同比增长 32.5%，中石油集团和中国华信投资 28 亿美元联合收购阿联酋阿布扎比石油公司 12% 股权为其中最大项目。对外承包工程方面，我国企业在"一带一路"沿线的 61 个国家新签对外承包工程项目合同 7217 份，新签合同额 1443.2 亿美元，占同期我国对外承包工程新签合同额的 54.4%，同比增长 14.5%；完成营业额 855.3 亿美元，占同期总额的 50.7%，同比增长 12.6%。

（亿美元）

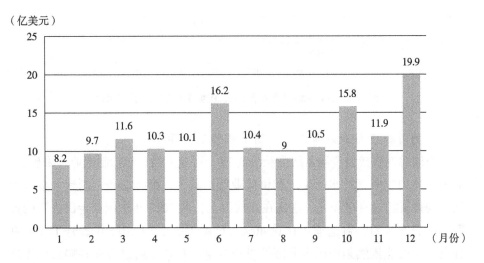

图 1-3　2017 年中国对"一带一路"沿线国家投资合作情况

从对外直接投资的单个国别来看，中国企业对美国的投资出现了断崖式下跌。如图 1-4 所示，中国企业对美国的直接投资自 2008 年以来呈现不断增加趋势，尤其是 2016 年，中国对美国的直接对外投资达到了历史最高的 169.81 亿美元，相比 2015 年增加了 2 倍以上。而 2017 年受特朗普上台后的贸易保护主义等影响，中国对美国直接投资额出现明显下降，根据数据统计，中国企业在 2017 年对美国直接投资额仅为 64.25 亿美元，与 2016 年相比下降了 62.16%；对美国的投资存量为 673.81 亿美元，占中国对外直接投资存量的 3.7%，境外企业雇佣美国当地员工超过 10 万人。2017 年，中国对美国实施并购项目一共有 82 个，实际交易金额为 120.3 亿美元。

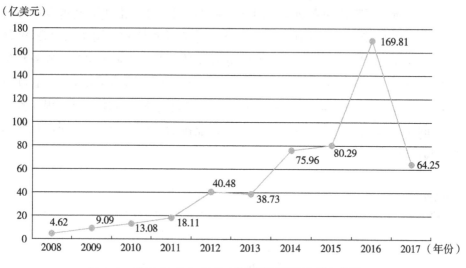

图 1-4　2008~2017 年中国对美国直接投资净额变化情况

3. 海外投资行业分布广泛，制造业领跑国际化

中国对外直接投资涵盖国民经济的 18 个行业大类，包括制造业、采矿业、电力、热力、燃气及水的生产和供应业等。其中，商务服务、制造、金融等领域的投资超过百亿美元，占比在八成以上；从 2017 年中国"走出去"的投资行业分布来看，制造业占比达 40%（见图 1-5），较 2017 年提升了 4 个百分点，制造业依然是中国企业海外投资的重点行业。通过海外并购获得先进技术和科学的管理经验，拉动整个产业的转型升级，可以更好地优化国内产业格局的配置。此外，信息传输、计算机服务和软件业占总投资案例的 15%，这已经是连续第三年出现增长，较 2016 年提升了 4 个百分点。

根据相关数据统计，2017 年中国对外投资并购依旧活跃，共实施完成并购 431 起，涉及 56 个国家（地区），实际交易总额为 1196.2 亿美元，其中直接投资 334.7 亿美元，占并购总额的 28%，占当年中国对外直接投资总额的 21.1%。

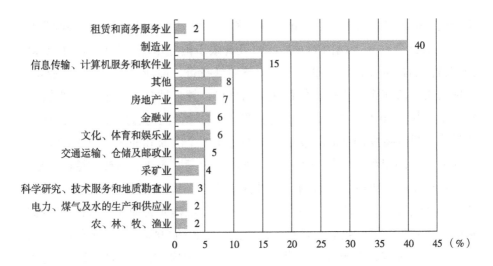

图 1-5　2017 年中国企业对外投资行业分布

　　通过对外投资发展情况的回顾，我们可以发现中国企业的对外投资之路已经全面铺开，并取得了较好的成绩。不仅投资规模稳步上升，投资主体也从初期以国有外贸商业公司和工贸公司为主，发展到目前的以大型资源类国有企业、国有商业银行、民营高科技企业等具有比较优势的各种企业为主体；投资产业也从初期的进出口贸易、航运和餐饮等少数领域，拓展到加工制造、资源开发、工程承包、劳务输出、农业合作、研究开发、购买政府和企业债券等多个领域；投资区域也从最初的中国香港和澳门、日本、东南亚国家等少数国家和地区，发展到全球各大洲的 170 多个国家和地区。新时代，我国对外直接投资的政策保障也越来越完善，"一带一路"倡议的实施，国民经济收入的大幅提高，产业结构的快速调整，产业体系的逐步完善，企业国际化经营水平的提高等，诸多有利因素为我国企业对外投资提供良好的机遇，推动我国企业的投资逐步向健康可持续发展。

第二节　浙江省国际化发展情况

　　经过改革开放 40 多年的磨砺和发展，浙江大部分民营企业已度过原始积累阶段，进入了做大做强的关键时期，相当一批企业已经突破了地域的限制，不仅追求自身在省内国内的发展，而且着眼于国际市场，创建自己的品牌、拥有自己的技术和营销网络，不断尝试对外投资，逐渐往集团化、专业化的方向发展。浙江企业不仅仅停留在产品出口，越来越多的企业参与到跨国投资中来。截至 2019 年 4 月，浙江企业在境外的投资机构总数已经有 10111 家，累计中方投资备案额 748.84 亿美元，覆盖 148 个国家和地区，浙江省境外投资前五位的国家和地区是中国香港、美国、印度尼西亚、瑞典和德国。根据相关数据显示，2018 年浙江省境外投资总额超过 1669 亿美元，并购项目 151 个，国外经济合作营业额 75.6 亿美元，国际化进程显著加速。而在这些国际化的企业当中，民营企业是投资主体，占到总数的 90% 以上，主要产业有轻工、纺织、机械、电子和建筑业。同时，浙江政府在这方面也做出了努力，充分吸取浙江企业在跨国投资中的经验教训，推出有利于企业海外投资的政策支持，并参与知道企业国际化经营工作。浙江政府还与许多国家签订合作协议，创办境外合作区或者以科研为主的工业园区，给更多的浙江企业提供国际化经营的发展平台。

1. 投资主体转变

浙江省的对外直接投资始于 1982 年，多年来浙江省有一大批企业开始进行对外投资，尤其是近年来对外直接投资的企业日趋增多。浙江省对外直接投资的主体主要分为三种类型：大型国有贸易企业、产业集群企业及民营企业。值得探究的是，在 2000 年之前，对外贸易主要集中在国有企业和外资企业，且国有企业占据主导地位；而民营企业在 2002 年开始成为浙江省对外贸易的新增长点，对外贸易额发展呈现直线上升趋势，在 2007 年一举超过国有企业，在外贸出口中起到带头作用。

国有贸易企业一直以来与国家政策保持统一性，这类企业规模较大，同时拥有较强的从国家获取资源的能力，并且长期具有海外贸易经验，在贸易过程中积累了广阔的人脉关系和丰富的宝贵资源。例如，浙江国际贸易有限公司，规模大且拥有丰富的资源。这类贸易企业在海外投资的动机主要取决于市场需求，主要有两方面的特点：一是在对外贸易的国家直接建立贸易基地，借助他国市场优势生产产品，销售给当地市场或者其他市场；二是在对外贸易中遇到问题时，凭借自身优势可以进行有效规避。这类企业进行对外直接投资活动主要是为了寻求国外市场，通过在当地建立母国企业的分支机构，当地生产当地销售从而扩大海外市场。

浙江产业集群是浙江乃至沿海地区规模经济的全新升级，是在利益最大化驱动下自发形成的，是富有浙江特色的区域经济形态。浙江省具有竞争优势的产业，基本上是依靠产业集群发展起来的，产业集群大多由中小型企业构成，且对中小企业产生了带动作用。产业集群企业具有区域集中、行业统一等特点，如温州的皮革市场、义乌小商品市场、绍兴纺织品市场、宁波慈溪的小五金市场。与国有贸易企业和民营企业相比，构成产业集群的中小企业的经营机制相对灵活，能根据市场情况及时调节产业结构，更好地适应国外复杂严峻的市场环境，有效地降低企业风险。中小企业进行对外直接投资时，对国内半成品或生产设备的出口都有带动作用。因此，浙江产业集群企业对外投资有更显著的竞争优势。

浙江省民营经济发达，近几年浙江民营企业响应国家"走出去"战略，积极对外寻找发展经济的重点。在浙江本土比较大型的企业有镇海石化、万向、远洋渔业、杭州链条等，这类企业在进行对外投资时具有很多国企所不具有的优势：第一，产权明确，民营企业相对于国有企业其产权更加适合市场变化和更替；第二，在贸易中长期积累的市场经验可以应用在对外投资的事业当中；第三，在企业组织架构中，民营企业比国有企业更具有集中统一的决策权，所以在对外直接投资过程中能够灵活应对复杂的市场环境变化，及时抓住市场机会。同时，民营企业凭借小规模生产、技术优势，不断创新对外直接投资形式，切入很多的细分市场，逐渐走向多元化发展，从起初的兴办贸易公司和设立办事处，发展到通过并购等形式获取国外品牌、技术等资源，投资领域也渐渐延伸到新兴领域，如第三服务业以及高新技术产业。浙江民营企业通过对外直接投资，进一步加强了企业竞争力。

浙江省对外直接投资的主体已从早期的以国有、集群企业为主转变为以民营企业为主。

2. 投资规模不断扩大

2008年，随着全球经济危机影响不断深化，世界经济整体呈现衰退状态，经济增长速度放缓，导致各个国家需求减少，对外直接投资额大幅度缩水，同比下降39个百分点，国际投资相应减少。但反观浙江省对外直接投资额却同比增长43.4%，尤其是2010年，浙江省对外直接投资额达到了26.79亿美元，位居全国对外直接投资额省份之首。如表 1-1 所示，2015 年，浙江省经审批和核准的境外投资企业和机构共计 760 家，比 2014 年增加 183 家；对外直接投资额 908 亿元，增长 1.5 倍。2016 年更是达到近几年峰值，境外投资企业和机构达到 803 家，境外企业中方投资额高达 1689363 万美元。如图 1-6 所示，2017 年是自 2003 年中国发布年度统计数据以来，首次出现负增长，浙江省经备案、核准的境外企业和机构共计 527 家，中方投资备案额 630.03 亿元人民币，同比减少 46.24%（折合 96.42 亿美元，同比减少 42.97%）。截至 2017 年 12 月底，浙江省经审批核准或备案的境外企业和机构共计 9188 家，累计中方投资备案额 4620.76 亿元（折合 707.17 亿美元）。

表 1-1　2011~2017 年浙江省对外直接投资数据

项目	2011 年	2012 年	2013 年	2014 年	2015 年	2016 年	2017 年
新签对外承包工程和劳务合作合同额（万美元）	295438	361220	464707	423539	587412	553693	516116
对外承包工程和劳务合作营业额（万美元）	302693	382974	440266	533922	618719	683295	728427
对外承包工程和劳务合作在年底在外人数（人）	17836	27149	27923	31279	32234	33921	27873
境外投资企业数（个）	568	634	568	577	760	803	527
境外企业中方投资额（万美元）	344551	389236	551648	581489	539701	1689363	964207

资料来源：根据 2018 年《浙江省统计年鉴》整理。

浙江企业的国际化经营取得突破性进展，在近几年的对外投资规模实现了快速增长，在境外企业总投资额和境外企业中方投资额两个项目指标中尤为突出。截至 2019 年 4 月，浙江企业在境外的投资机构总数已经有 10111 家，累计中方投资备案额 748.84 亿美元。

3. 投资形式和领域呈现多元化发展

目前浙江的境外投资已经逐步从初期的以设立营销网络为主，向研发中心、生产基地等相对较高层次的投资领域拓展，海外并购等投资方式日益增多。仅在"十一五"期间，浙江省经核准的境外研发机构就有 132 个，总投

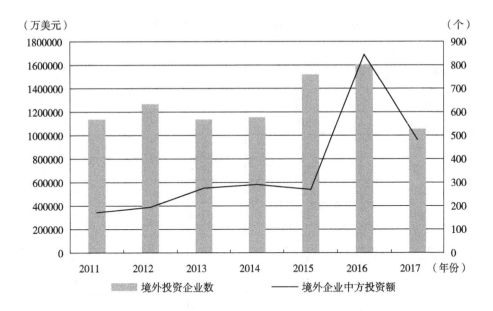

图 1-6 2011~2017 年浙江省对外直接投资趋势

资料来源：根据 2018 年《浙江省统计年鉴》整理。

资 10.9 亿美元，其中，中方投资 6.9 亿美元。研发国际化是继贸易全球化、生产全球化之后世界经济一体化的重要趋势，也是浙江省企业"走出去"的发展方向，目前主要涉及电子、医药、机械、新能源、计算机等高新技术行业。浙江省海外并购项目规模日趋扩大，全省海外并购项目的平均投资规模为 4890 万美元，是全省境外投资项目平均投资额的 7.5 倍，2010 年并购规模占同期对外直接投资的 75%。海外并购在数量和规模上均居全国各省份首位。浙江省的海外并购投资主体以民营企业为主，传统制造业是海外并购项目的主要产业，并购上游的供应商或是下游的进口商是浙江省海外并购的主要对象。

2010 年，境外投资企业中并购项目急剧增多，其中营销网络项目由 2009 年的 326 个增加至 560 个，同比增长 71.78%；而并购项目和研发项目也开始慢慢崭露头角，2010 年浙江省并购项目达到 43 个，而研发项目更是达到 63 个（见表 1-2）。2015 年境外投资企业数目出现第二次大增长，营销网络项目达到 742 个，比 2014 年增长了 32.26%；并购项目 135 个，比 2014 年增长了 92.86%；研发项目 38 个，比 2014 年增长了 111.11%（见图 1-7）。

表1-2 2006~2016年浙江省境外投资项目类型　　　　　　单位：个

项目 年份	营销网络项目	并购项目	研发项目
2006	346	—	—
2007	310	—	—
2008	305	—	—
2009	326	—	—
2010	560	43	63
2011	509	45	40
2012	613	63	19
2013	551	38	5
2014	561	70	18
2015	742	135	38
2016	732	166	13

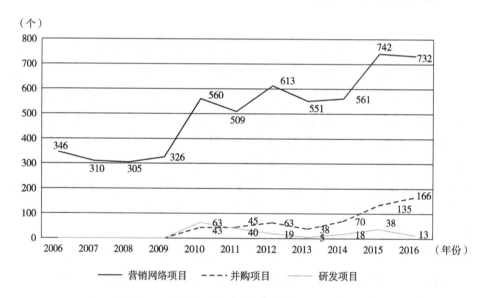

图1-7 2006~2016年浙江省境外投资项目增长趋势

资料来源：根据2006~2016年《浙江省统计年鉴》整理。

境外投资已经成为浙江省行业进一步拓展市场的重要途径。浙江省境外投资主要分布在制造业，信息传输、计算机服务和软件业，租赁和商务服务业，批发和零售业，交通运输、仓储及邮政业，建筑业等多个行业。如图 1-8 所示，自 2008 年起，境外投资的行业类型从 19 个扩展到 2016 年的 64 个，总体趋势显示境外投资的所涉及的行业类别越来越多。2008 年，在纺织、电子和机械行业涉及的境外投资数量最多，到 2016 年批发和零售业，信息传输、计算机服务和软件业，租赁和商务服务业成为主力军。2016 年境外投资项目中批发和零售业 313 个，占全年境外投资项目总数的 42.56%，就投资总额看，电力、煤气及水的生产和供应业涉及金额最多，达到 282274 万美元，占全年投资总额的 27.50%，中方投资额为 257768 万美元，占全年中方投资总额的 33.80%（见图 1-9）。

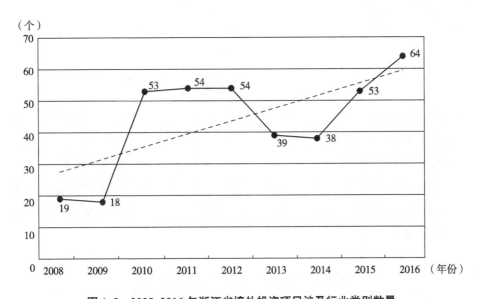

图 1-8 2008~2016 年浙江省境外投资项目涉及行业类别数量

资料来源：根据 2008~2016 年《浙江省统计年鉴》整理。

4. 境外合作区域取得新发展

2016 年，浙江省主要开展境外合作的地区主要集中在亚洲地区，合作的项目数为 404 个。近年来，浙江努力朝着"一带一路"的发展枢纽目标前进，积极实施"走出去"战略，瞄准市场，积极开拓对"一带一路"沿线国家（或地区）的境外投资，据统计，在"一带一路"倡议引领下的几年，浙江境外投

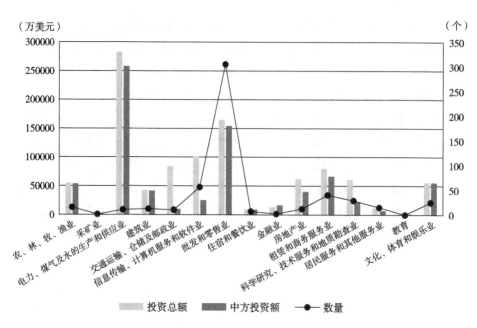

图 1-9　2016 年浙江省境外投资项目情况分布

资区位逐渐转向"一带一路"所经过的欧洲等系列丝绸之路沿线以及澳大利亚等海上丝绸之路沿线国家或地区。从 2015 年开始，新加坡、澳大利亚、印度尼西亚、瑞典等"一带一路"沿线国家或地区跻身浙江省境外投资前五位，浙江也在对外投资过程中抢占先机，实现了"一带一路"商贸大体布局，助力高水平现代化国际化开放发展新格局的形成。2016 年浙江省境外合作区域分布情况如表 1-3 所示。

表 1-3　2016 年浙江省境外合作区域分布

名称	项目数（个）	投资总额（万美元）	中方投资额（万美元）
全省合计	803	2093168	1689363
亚洲	404	912376	846791
非洲	32	13432	12248
欧洲	109	251072	225627
南美洲	33	264131	140701
北美洲	190	530217	350708
大洋洲	33	120941	112288

第三节　企业国际化相关政策

一、政策导向

1. 对外投资政策持续收紧

中国政府强调建立开放型经济，要求推动"更深层次，更高水平的对外开放"，对中国企业"走出去"提出更高、更全面的要求。此前，中国的对外投资监管环境相对宽松，中国境外投资连续十年保持增长，2016 年对外投资增长速度达到峰值。2016 年中国企业在住宿、餐饮业、文化、体育和娱乐业以及房地产业的投资高速增长，与中国的外汇储备下降幅度较大、人民币面临贬值压力等情况形成对比，此外，中国企业在境外投资的质量和效益上遇到了一些问题，这些现象均引起国家监管部门的关注和重视。因此，2017 年中国密集出台的一系列对外投资政策给火热的中国企业"走出去"降温去火。

2. 政策引导更加理性化

在延续 2016 年对外投资政策收紧的情况下，为进一步对企业"走出去"行为进行合规引导，2017 年我国政府又密集出台了企业"走出去"的相关政策。政府整合规范投资环境的总体思路，引导国有企业与民营企业在海外投资过程中升效率降风险，大品牌降成本，使企业更加规范、健康、持续地"走出去"。例如，我国出台了《关于进一步引导和规范境外投资方向的指导意见》《民营企业境外投资经营行为规范》；同时国家发改委发布了《企业境外投资管理办法》，在简政放权的指导原则下开始形成多层次、多方位的境外投资监管体系，进一步规范企业境外投资改革，争取以"股利发展＋负面清单"模式监管境外投资，优化事前审批程序，强化事中事后监管，强化对投资真实情况的审查。可以说，政策的整合、规范，以及对合规"走出去"企业的持续支持，为国企和民企的海外投资发展起到了方向引领和保驾护航的作用（见表 1-4）。

3. 监管流程更趋精细

2018 年，《对外投资备案（核准）报告暂行办法》《境外投资敏感行业目录（2018 年版）》开始实施，政策变化对企业海外投资影响明显。国家监管层

表1-4　我国促进企业国际化发展相关政策

政策	具体内容
《促进中小企业国际化发展五年行动计划（2016—2020年）》	支持中小企业利用全球要素，优化资源配置，积极融入全球产业链和价值链，鼓励中小企业把国外的先进技术、优质资产、高端人才和先进管理经验引到中国，促进中小企业转型升级和技术创新
《企业境外投资管理办法》	加强境外投资宏观指导，优化境外投资综合服务，完善境外投资全程监管，促进境外投资持续健康发展，维护我国国家利益和国家安全
《关于进一步引导和规范境外投资方向的指导意见》	支持境内有能力、有条件的企业积极稳妥开展境外投资活动，推进"一带一路"建设，深化国际产能合作，带动国内优势产能、优质装备、适用技术输出，提升我国技术研发和生产制造能力，弥补我国能源资源短缺，推动我国相关产业提质升级
《企业境外经营合规管理指引》	要求企业合规管理应从制度设计、机构设置、岗位安排以及汇报路径等方面保证独立性
《对外投资合作境外安全风险预警和信息通报制度》	进一步完善对外投资合作境外安全风险控制体系，指导对外投资合作企业了解和掌握国际安全形势变化，采取有效措施积极防范和妥善应对各类境外安全风险，不断提高境外安全管理水平
《境外经贸合作区服务指南范本》	进一步做好境外经贸合作区建设工作，推动合作区做大做强，发挥其境外产业集聚和平台效应
《对外投资合作境外安全事件应急响应和处置规定》	保障境外中资企业机构和人员的生命财产安全，妥善处置各类对外投资合作境外安全事件，促进"走出去"健康可持续发展
《境外中资企业机构和人员安全管理规定》	保护境外中资企业机构和人员的安全，促进对外投资合作业务的可持续发展，保障"走出去"战略的顺利实施

　　对中国企业"走出去"的管理日趋精细化，有效地促进中国企业对外投资健康有序发展，并且不断优化对外投资结构，推动实体经济、创新领域、高新技术等走向世界舞台。与此同时，企业资源全球化配置的优化，将进一步促进我国从投资大国向投资强国转变。

二、浙商政策

1.省级政策

经过多年的发展，境外经贸合作区已成为推进"一带一路"建设和国际产能合作的重要载体，以及中国企业"走出去"的平台和名片。合作区不仅使我国优势产业在海外形成集聚效应，也降低了中国企业"走出去"的风险与成本。

近年来，在"开放强省"战略的指引下，浙江省企业"走出去"步伐加快，海外并购及直接投资的规模和效益显著提升，在深化国际产能合作及推进"一带一路"建设中发挥了重要作用。为落实中共十九大会议精神，国家文件要求和省领导的批示，促进国际产能合作，加快培育国际经济合作和竞争新优势，浙江省发展改革委员会同省商务厅、中国人民银行杭州中心支行、省外侨办联合起草了《浙江省关于进一步引导和规范境外投资方向的实施意见》，引导和规范浙江企业更好地参与"一带一路"建设和开展国际产能合作。浙江省发展改革委员会为促进和规范境外投资，加快境外投资管理职能转变，根据《境外投资项目核准和备案管理办法》（国家发展改革委令2014年第9号）制定了《浙江省境外投资项目核准和备案管理办法》（浙发改外资〔2016〕39号）。为积极稳妥地推进浙江省境外经贸合作区建设和转型升级，省商务厅、省财政厅联合制定了《浙江省省级境外经贸合作区考核管理办法》（浙商务联发〔2018〕52号），积极做好辖区境外经贸合作区的培育工作，服务于省内经济发展需要和"一带一路"建设（见表1-5）。且为加强财政专项资金的管理，提高资金的使用绩效，进一步鼓励企业"走出去"开拓国际市场，对原浙江省实施"走出去"战略专项资金和浙江省对发展中国家投资贸易专项资金进行了整合，并研究修订了《浙江省实施"走出去"战略专项资金使用管理办法》（浙政发〔2011〕84号），省政府还制定"1+1+5"的对外开放政策体系，包括《中共浙江省委、浙江省人民政府关于以"一带一路"建设为统领，构建全面开放新格局的意见》《浙江省打造"一带一路"枢纽行动计划》以及促进外资增长、培育外贸竞争新优势、推进工业和信息化全球精准合作、提升人才国际化水平、加强境外安全保障五个配套政策。此外，浙江省人民政府关于《深化人才发展体制机制改革支持人才创业创新的意见》鼓励企业兼并收购国（境）外研发机构，或在国（境）外设立研发机构，吸引使用当地优秀人才。定期发布重点引才目录，建立开放共享的高层次人才信息云平台，实现人才信息的互联互通。在海外人才密集地区聘请引才大使，建立海外引才工作站，构建常态化的人才联络网。

此外，浙江省内各地级市也纷纷出台相关政策推进"一带一路"建设，带动地区企业走向国际化。

表1-5　浙江省促进企业国际化发展相关政策

政策	具体内容
《浙江省关于进一步引导和规范境外投资方向的实施意见》	促进国际产能合作,加快培育国际经济合作和竞争新优势,引导和规范浙江企业更好地参与"一带一路"建设和开展国际产能合作
《浙江省境外投资项目核准和备案管理办法》	促进和规范境外投资,加快境外投资管理职能转变
《浙江省省级境外经贸合作区考核管理办法》	积极稳妥地推进浙江省境外经贸合作区建设和转型升级,积极做好辖区境外经贸合作区的培育工作,服务于省内经济发展需要和"一带一路"建设
《浙江省实施"走出去"战略专项资金使用管理办法》	加强财政专项资金的管理,提高资金的使用绩效,进一步鼓励企业"走出去"开拓国际市场,对原浙江省实施"走出去"战略专项资金和浙江省对发展中国家投资贸易专项资金进行了整合
《浙江省打造"一带一路"枢纽行动计划》	促进外资增长、培育外贸竞争新优势、推进工业和信息化全球精准合作、提升人才国际化水平、加强境外安全保障
《深化人才发展体制机制改革支持人才创业创新的意见》	鼓励企业兼并收购国(境)外研发机构,或在国(境)外设立研发机构,吸引使用当地优秀人才。定期发布重点引才目录,建立开放共享的高层次人才信息云平台,实现人才信息的互联互通。在海外人才密集地区聘请引才大使,建立海外引才工作站,构建常态化的人才联络网

2. 市级政策

为做好境外经贸合作区建设的指导和服务工作,商务部、财政部制定了境外经济贸易合作区考核办法,浙江省商务厅、浙江省财政厅制定了浙江省省级境外经贸合作区考核管理办法。按照商务部、财政部及省商务厅、财政厅等的有关规定,为积极稳妥推进合作区建设,做好合作区建设各项工作,浙江省各市县制定了辅助政策:

杭州市的境外投资,从2007年的6345.1万美元,到2012年的7.21亿美元,再到2017年的23.56亿美元,实现了跨越式发展,境外投资的形式也从单打独斗向集群式发展,泰中罗勇工业园发展成熟、北美华富山工业园稳步推进,一大批境外园区正茁壮成长,根据上级文件精神,结合实际情况,杭州市制定了《杭州市境外经贸合作园区认定和培育办法》,用于本市境外园区的指导和服务。

宁波企业向海外扩张的步伐，可以用"迅猛"来形容。2017年，宁波市实际对外投资额累计达到109.2亿美元，成为继上海、北京、深圳、广州、天津、苏州、青岛之后，全国第八个实际对外投资额突破百亿美元的城市，在全国对外投资"第一方阵"中的地位更加巩固。越来越多的宁波企业正摩拳擦掌，以并购参股的形式参与国际产能合作，希望借此实现新一轮转型升级。为了培育本土跨国企业，宁波提出了《宁波市培育本土跨国公司三年行动计划》，同时还探索建立本土跨国公司服务联盟，促进企业强强联合，提升企业国际化水平。

绍兴市进一步鼓励民营企业走出去，在境外直接投资参股、控股或全资收购境外企业；支持民营企业在境外建立各类销售机构、区域性营销；支持企业建立仓储配送、售后服务基地等，完善产品营销服务体系，扩大"绍兴制造"全球市场份额。在科技创新方面，绍兴市还支持民营企业通过直接投资、参股收购等方式，设立各类境外科技研发机构，吸引海外高层次人才和先进技术回归，提高民营企业技术研发水平和创新能力。为加快培育本市本土民营跨国企业，推进更高层次开放型经济的发展，绍兴市出台了《加快培育绍兴本土民营跨国公司三年行动计划（2017—2019）》。

温州市从最初的境外办市场，设立贸易机构到如今投资办厂、资源开发、收购兼并、融资上市及设立境外工业园等多种形式并举，温州企业境外投资合作方式发生了很大变化。经市政府批准"走出去"企业和机构520余家，中方投资额接近8亿美元，遍布亚洲、欧洲、非洲、美洲的70多个国家和地区。对外投资合作驶入快车道，投资规模也实现了突破性的进展。然而，温企开展境外经贸活动也面临着各类风险。近三年来，境外经贸纠纷与突发事件呈现上升趋势，对广大在外的温州企业造成了不同程度的人员伤亡和经济损失。2009年以来，浙江企业境外经贸纠纷和突发事件平均每年6起，如利比亚撤侨、"3·11"日本大地震等。为保障"一带一路"建设，维护温州市境外企业和劳务人员的合法权益，市商务局替市政府牵头编制了《温州市处置境外经贸类纠纷和突发事件应急预案》。应急预案的出台将使对外投资合作企业和相关部门在遇到境外经贸类纠纷和突发事件过程中有章可循。

2018年，台州市外贸总额1742.99亿元，同比增长10.4%，低于全省增速1个百分点，位次居宁波、杭州、金华、嘉兴、绍兴之后，全省排名第六。出口贸易市场集中在欧洲、亚洲和北美洲国家，欧美市场增长稳健，"一带一路"

市场增势良好，其中美国、德国、印度分列贸易出口地区前三。台州市为响应国家政策，积极助力本土企业国际化发展，出台了《台州市商务"十三五"发展规划》，提出要增强对外投资合作能力，进一步扩大规模，推进行业和领域多元化发展，增强在全球范围内运用生产要素的能力；同时也出台了《关于促进电子商务发展的若干扶持政策》支持跨境电商公共海外仓建设，鼓励企业在境外投资设立或租用跨境电商公共海外仓，对自行设立的且被认定为省级跨境电商公共海外仓的项目，除省级给予的奖励外，市级给予每家公共海外仓项目投资主体 50 万元的奖励。

根据舟山市商务局的相关资料，2018 年舟山外贸多项指标创历史新高，全年外贸进出口额达 1135.55 亿元，比 2017 年增长 44.91%，增幅列全省第一。2018 年舟山全年进口额首次突破 700 亿元，列全省第四位，拉动全省进口增长 5 个百分点。依托浙江自贸区政策、江海联运中转枢纽和油品仓储优势，舟山积极扩大以油品、矿砂和粮食为主的大宗商品进口，占全市进口比重达 78%。为扎实推进对外贸易新动能培育，舟山加快培育发展大宗商品贸易，出台了《舟山市人民政府办公室关于促进和扶持对外贸易发展的暂行办法》，鼓励中小外贸企业积极"走出去"，对中小外贸企业自主参加境外展览会、境外认证、境外商标注册、境外专利申请、信保通 EDI、海外资信服务、出口信用保险保单融资七大类项目予以补助（见表 1-6）。

表 1-6 浙江省各地级市为促进企业走向国际化实施的政府举措

地区	政府举措	辅助作用
杭州市	《杭州市境外经贸合作园区认定和培育办法》	积极稳妥推进杭州市境外经贸合作区建设和转型升级
宁波市	《宁波市培育本土跨国公司三年行动计划》	探索建立本土跨国公司服务联盟，促进企业强强联合，提升企业国际化水平
绍兴市	《加快培育绍兴本土民营跨国公司三年行动计划（2017—2019）》	重点培育本土民营跨国公司，带动经济结构转型升级，推进发展更高层次开放型经济的重要举措
温州市	《处置境外经贸类纠纷和突发事件应急预案》	为企业提供预防和保障外，着重指导相关部门、各县级政府和企业在突发事件发生后处置应对工作。且应急预案的出台将使对外投资合作企业和相关部门在遇到境外经贸类纠纷和突发事件过程中有章可循

地区	政府举措	辅助作用
台州市	《关于促进电子商务发展的若干扶持政策》	鼓励企业在境外投资设立或租用跨境电商公共海外仓,对自行设立的且被认定为省级跨境电商公共海外仓的项目,除省级给予的奖励外,市级给予每家公共海外仓项目投资主体 50 万元的奖励。对租用跨境电商公共海外仓开展电子商务的企业,给予租费最高 50% 的奖励,每年最高不超过 50 万元
舟山市	《舟山市人民政府办公室关于促进和扶持对外贸易发展的暂行办法》	鼓励中小外贸企业积极"走出去",对中小外贸企业自主参加境外展览会、境外认证、境外商标注册、境外专利申请、信保通 EDI、海外资信服务、出口信用保险保单融资七大类项目予以补助
嘉兴市	搭建境外投资保险平台	进一步明晰企业境外投资风险保障范围,根据企业的差异化需求,通过添加特色保单批注等形式,提供个性化的服务,与此同时,协助企业建立境外投资风险防控体系等

嘉兴市着眼更高水平对外开放,主动"走出去"整合全球资源,主动适应复杂多变的全球经济环境,以"嘉兴制造"为主体的企业"走出去"发展快速壮大。据统计,2018 年全市对外投资项目 68 个,对外直接投资额 19.53 亿美元,同比增长 53.6%,超额完成全年 10 亿美元的目标任务,创出新高。为全力推动嘉兴企业"走出去"战略,为企业境外投资提供更加完善的保障,嘉兴市搭建全省首个境外投资保险平台,以降低中小外贸企业出口风险、开拓国际市场、增强出口信心。

第四节　浙商国际化管理经验存在的主要问题

虽然近几十年来浙江经济快速发展,但是由于国际经营环境及管理的复杂性,并且国内缺乏专门的海外投资风险评估机构以帮助企业分析和评估海外投资项目的可行性,企业本身受信息渠道、自身评价或判断能力等方面因素的影响很难正确判断某项目在国外是否具有发展前景，因而中国境外投资面临许多问题。

一、宏观环境的影响

1. 中美经贸冲突，投资遇阻

通常，当危机出现时，各国或地区政府都会倾向于采取贸易保护主义来维护本国相关产业利益，同时采取对本土企业有利的政策来带动本国经济尽快摆脱危机。贸易保护的程度与一国的经济发展状况密切相关，当该国经济发展良好时，当地政府倾向于宽松的贸易政策，贸易摩擦减少；当经济发展形势低迷时，政府倾向于采取较严格的贸易政策，贸易摩擦将加剧。

2015年，据美国商务部公布的数据，1~9月中美货物贸易额达到4416亿美元，标志着中美互为第一大贸易伙伴国时代的到来。不仅如此，对于中国企业而言，美国一直是中国海外投资最受欢迎的目的地。然而，2018年初，美国发起了针对中国在云计算与其他高科技服务领域的所谓"不公平限制"的"301调查"，如可能禁止中国企业阿里巴巴在美国提供云计算服务，或在对中国解除限制之前，禁止阿里巴巴在美国扩大运营。接着美国对中国出口至美国的产品列出清单并加征25%的关税。与此同时，中国政府迅速做出反应，对美国出口至中国的产品，如大豆、汽车、飞机等多种贸易产品进行关税的政策调整，两国经贸摩擦不断升级。中美双方虽然就相关问题进行了多次会晤，但基本上保持着一种"边打边谈"的状态。中美经贸摩擦对于中美经贸的主力军——两国企业而言是一次沉重的打击。特别是对于准备投资美国的中国企业而言，来自美国外资投资委员会的挑战前所未有。

2. 政治风险尚存，"一带一路"困难显现

政治风险由于发生概率较小、难以预见等常常被企业所忽视，但是一旦发生，投资者面临的损失严重。比如中东和北非局势的动荡让更多的人开始关注政治风险；利比亚爆发的武装冲突和内乱，属于典型的政治风险，它让中国部分投资者遭受了惨重损失。资源的短缺与其价格的高涨，民族主义和投资保护主义的盛行，政府的频繁更迭，政策和法律的变幻莫测，贫富差距的扩大，当地分裂分子的袭扰，种族、宗教和观念的冲突，环境污染的加重以及各种形式的内战等让很多境外投资项目在东道国面临极大的政治风险。

投资所在国不同政治力量的消长会对项目的经营产生相当大的影响，有时候很小的政治变化就会严重影响投资环境。

"一带一路"倡议提出以来，中国企业正随着"走出去"的浪潮，积极地与"一带一路"沿线各国互通经贸往来。据商务部数据，2018 年 1~7 月，中企对"一带一路"沿线的 54 个国家合计投资 85.5 亿美元，同比增长 11.8%。新签对外承包工程合同额 571.1 亿美元，占同期总额的 45.6% ；完成营业额 450.8 亿美元，占同期总额的 53.8%。中国企业在"一带一路"建设中发挥了至关重要的作用。但是，随着中国企业不断深入参与"一带一路"建设，各种困难开始显现。

"一带一路"沿线国家政权更迭频繁。"一带一路"沿线上的各国多为发展中国家，国情复杂多样，政治不稳定甚至存在爆发军事内乱、暴动、战争的情况，而政权更迭则深刻影响中国企业在海外投资的利益，一旦东道国发生政治不稳定问题，中国企业的多数项目就会停摆，造成难以估计的损失。例如，2014 年泰国国内发生政局变化，早在 2009 年就决定签订的中泰高铁计划被迫搁置，直到 2017 年 11 月，中泰双方就高铁问题召开了 22 次会议，主要围绕高铁沿线开发权进行讨论，但泰国政府不断更迭政权，中泰双方的合作一再拖延调整，导致中企的前期巨额投资难以收回，面临着巨大风险。2011 年利比亚内战爆发，国内 12 家央企在利比亚的项目被迫搁置暂停，近 200 亿美元项目停摆；2015 年希腊政府宣布终止与我国中远集团的合作项目——比雷埃夫斯港口项目，不再向中国出售港口股权等。

3. 文化差异，导致投资障碍

文化冲突更多地体现在生活习惯、宗教和意识形态等方面，在我国企业境外投资中常常被忽略，但这对于中国企业"走出去"的阻碍不容小觑，很可能对境外投资的成败起到关键的作用。境外投资不只体现在资本的国际流动，也体现在文化的交流、融合与碰撞上。一些不健康的文化冲突很可能影响企业的政策运营，导致企业境外投资的损失。例如，2009 年，中缅两国政府签订了密松水电项目，总投资额达 36 亿美元，计划在 2017 年完工发电。然而，自 2010 年开始，缅甸总统吴登盛突然以"人民意愿"为由宣布，暂停在其任职期间与中国合作的密松水电项目。"密松河在当地具有崇高地位，建设水电站会破坏当地习俗，毁坏当地生态环境""中国掠夺缅甸资源"等民族主义言论，让中国企业和缅甸两败俱伤。2012 年 10 月，一家在柬埔寨的中资企业管理者由于撕毁柬埔寨亲王的画像，引起柬埔寨民众的抗议与骚乱，最后该管理者被警察逮捕，并被驱逐出境。中国企业在海外投资建设期间，对各地文化风俗不进行彻底调查和了解，极易受此困阻，付出惨痛代价。

此外，中国投资者在境外投资中曾多次遭遇劳工风险。在中国与全球化智库对中国企业"走出去"的 120 个失败样本中，有接近 35% 的企业曾经遭遇了劳工问题，并且因此遭受经济损失的概率很大。所以中国企业在开展境外投资前就需了解当地的劳工状况，与当地的工会建立联系与信任，为境外投资的顺利开展打下基础。

4. 知识产权意识缺乏，经营碰壁

知识产权风险，主要包括知识产权法律风险、知识产权壁垒风险、知识产权运营风险及知识产权滥诉风险四大类。我国企业在"抢滩"国外市场的过程中，经常由于对投资所在国的知识产权法律体系不了解，导致处于被动地位。在传统贸易壁垒日益受到国际条约限制的背景下，各国尤其是发达国家经常会以知识产权保护的名义，对我国企业涉及知识产权的货物商品、技术贸易和投资设置障碍，形成知识产权壁垒，阻碍我国企业境外投资的顺利开展。

例如，中国企业"走出去"首先是中国品牌"走出去"，无论是货物出口服务贸易还是对外投资都与企业的商标等品牌要素息息相关，在世界现行商标权保护制度普遍具有地域性特点的背景下，产品未动，商标先行，已经成为发达国家跨国公司的普遍做法，然而我国企业在"走出去"之前甚至之后通常未对其商标的先期海外布局予以足够的重视，导致中国商标在海外抢注花费巨额资金打造的品牌居然已经名花有主的情况屡屡发生，康佳、海信、联想、五粮液等知名品牌都遇到过这种困境。

此外，我国企业在雇用外国员工、委托开发、合作开发或直接投资过程中，很容易出现商业秘密泄露等问题，致使境外投资受阻或半途而废。我国企业在"走出去"之前，应当充分评估知识产权的风险，以免落入知识产权陷阱。

二、企业自身的不足

1. 缺乏国际化战略目标，海外经营不合规

经过多年的市场打拼，浙江涌现了许多知名品牌，如杭州的万向、吉利、宁波的雅戈尔、罗蒙，温州的正泰、奥康，义乌的浪莎等。但真正能用自己的品牌打入国际市场的企业并不多。浙江大部分制造业企业长期以来主要还是采取为国外大品牌企业进行贴牌生产的模式。这种以量取胜的经营模式，处于价值链的最低端，实际利润率非常低，而大部分利润被品牌拥有者和销售商赚取，且同行业的竞争非常激烈，如果仅依靠不断压低价格来留住客户，一旦出现人民币不断升值或金融危机等情况，可能需要亏本经营才能留住客户，这对浙江广大的民营企业国际化发展非常不利。此外，在浙江民营企业选择国际化经营时往往忽略了国内市场，有些企业国际化经营的地区只限于某个地区，没有进行多元化的投资来分散风险。

中国企业海外法律法规的不熟悉或者不重视，使企业在自认为合规的商业行为中遇到法律纠纷，甚至遇到巨额罚款，给企业带来损失，也是中国企业"走出去"容易遇到风险的主要原因。例如，2014 年，小米收到了一份关于在海外"泄露个人信息"的调查。用户怀疑他们的小米手机正在秘密地将手机中存储的个人信息传回中国并被非法使用，证据是他们会经常收到来自中国的推销电话。西方国家历来重视个人信息保护，2018 年欧盟出台了《通用数据保护条例》，对个人信息的保护更加严格，中国企业在保护个人信息方面，尤其是对于个人信息保护的法律理解方面，需要进一步加强。同时，对于规模相对较小且具有"走出去"需求的企业来说，深入了解当地的法律法规具有一定难度，需要相关服务机构的帮助与指导。

一些中国企业海外经营不合规也是制约发展的一大原因。2018 年中兴被美国商务部制裁案是一系列事件的最终结果。中兴违反了美国政府禁止向伊朗出口美国制造的技术产品的出口限制，将一批配备硬件和软件的产品从美国科技公司出售给伊朗最大的电信运营商——伊朗电信（TCI），因而受到美国商务部的调查。2016 年 3 月，美国商务部公布调查结果证实中兴存在违规行为，决定对中兴采取限制出口政策，在多方斡旋后美国政府宣布暂缓制裁，2017 年中兴承认违规行为并向美国政府支付了 8.92 亿美元的罚款。2018 年美国商务部再次发起对中兴的出口禁令调查。中兴制裁案是中国公司海外违规行为颇具代表性的案件。中国企业在"走出去"的过程中，为了在全球化过程中占据先机而铤而走险，然而违规行为一旦被投资国政府发现，企业和企业高管都将面临巨大的风险。

2. 缺乏国际化经营人才

人才是中国企业走出去遇到的最大"瓶颈"之一。国际兼并收购从开始到结束,需要审计师、会计师为目标公司做评估,需要媒体联络、游说集团,因为这关系到未来项目的政治风险以及大众接受的程度,需要技术评估。同时,企业人才是否能够有延续性,留住关键人才,累积境外投资的经验,也是中国企业面临的挑战。这些境外业务开展的成败关键在于找到合适的人才并留住那些经验丰富的人才。企业国际化将面临的是复杂的国际市场,环境更为多变,竞争也更加激烈,其管理者需要精通国际营销技巧、熟悉国际贸易规则、通晓不同文化背景。拥有跨国经营人才是企业开展国际化经营的前提条件,也是取得持续性发展的基础。

浙江企业"走出去"需要高度科学的、严格的管理,这就需要拥有大批技术水准高、管理水平高、经验丰富且精通国际投资和国际贸易法律、法规的高级人才去组织实施。而浙江企业由于历史与现实的制约普遍缺乏高素质的人才队伍,尤其是各类高、中级经营管理和技术人才,至于跨国经营的投资、外贸、金融、外语、营销、企管、财务、法律、计算机等方面的专业人才更是奇缺。据统计,在浙江"走出去"的民营企业的职工结构中,管理人员仅占8.2%,技术人员仅占6.9%;员工中拥有高、中级技术职称的人数情况则糟糕,拥有高级职称的仅为0.35%,拥有中级职称的也仅为1.53%。此外,许多企业经营者本身文化素质不高,缺乏必备的现代市场经济的基本知识、经营技能和管理理念,又不舍得用高薪聘请复合型人才,没有意识到人力资源对企业发展的重要意义。比如,一些民营企业主从资产安全角度出发,在核心岗位上采取了任人唯亲的做法,这种"家庭式痼疾"严重影响了优秀人才进入民营企业。同时,大多数企业无论是在薪资待遇还是发展平台上都对复合型人才的吸引力不够,无法为优秀人才创设一个人尽其用、人尽其才的良好发展环境。

3. 技术创新能力不足

技术创新既是企业发展的潜在源泉,也是企业核心竞争力的源泉,更是大企业国际化的关键。国外大公司特别是跨国公司都是靠创新形成自己的核心竞争力,靠核心竞争力塑造知名品牌,靠知名品牌提升竞争优势。

与跨国公司相比,中国的大企业在核心竞争力,特别是创新能力上差距尤为突出。中国企业研发人员比重不足10%,而美国和日本平均超过30%,有的甚至超过50%。在研发投入比重上,中国平均不足销售额的3%,而一般跨国公司超过10%,微软等高新技术企业更是接近20%。国外大公司不仅在技术创新上投入大量的人力和财力，到中国建立合资企业时，甚至要求取消中方原有研发机构、商标和品牌，把核心技术牢牢控制在自己手里。目前，跨国公司在中国的本土化已从简单的技术转让转向研究开发。

对于浙江企业实施"走出去"战略而言，技术创新能力强弱关系到企业参与国际市场竞争能力的强弱。浙江企业大部分从事的第三产业，即技术简单、投资不大、便于进入的劳动密集型行业，而且大多数企业还停留在技术模仿的阶段，或者是通过技术采购的方式获取国外先进技术，并没有经过消化吸收创造属于自己的专利技术。浙江企业往往偏重以数量扩张为主的粗放增长，而忽视生产技术的提高。总体来看，浙江民营企业呈现出起步早、起点低、发展慢、后劲弱的特征。面对全球金融危机的冲击和发达国家资本密集型、技术密集型企业这样的强大竞争对手，如果浙江企业延续过去低技术含量、低附加值的模式，继续走数量扩张型的发展道路，不及时掌握产品核心技术，促进产品的更新换代，很快就会在金融危机中被市场淘汰。

4. 缺乏国际化管理经验

首先，浙江企业起步晚，国际投资经验不足，主要是企业对国际市场情况、国际惯例和东道国的政治、经济、法律、文化、风俗等缺乏深度了解。例如，有一家公司在约旦投资250万美元建立了一家服装厂，尽管当地劳动力价格低，但由于素质较差，生产力极低，3个最好的约旦缝纫工还抵不上1个中国缝纫工，再加上穆斯林国家对妇女的种种限制，如不得随意加班等，使工厂无法按需要组织生产，导致客户不敢下单，勉强维持了2年，最后仍以撤资而告终。

其次，浙江产业层次较低，品牌意识弱，相互压价竞销等现象在浙江大多数企业中仍然较为普遍。这一"隐忧"在我国加入世界贸易组织后立即成为"显患"。近年来，浙江民营企业在国际市场屡屡遭遇各类贸易壁垒"红灯"，与此有密不可分的关联。浙江省个私企业主要以居民日用品消费品、纺织品和普通的五金、电器等劳动密集型产业为主，投资数额不大，技术含量不高，附加值低，容易进入和模仿，造成数量多、规模小、产业雷同。数据显示，近年来，浙江传统的日用消费品增长最快，服装、纺织品、鞋类、家具四类商品的出口增量占整个全省出口增量的五成左右。在这种产品结构下，不少出口企业不约而同地以量多价廉作为最基本的市场策略，没有从数量价格的低水平竞争转向质量品牌高层次竞争，缺乏相应的行业组织进行协调和管理，偷工减料、压价销售、采用恶性竞争相互挤压盈利空间往往成为企业谋求生存和发展的手段，结果既损害了浙江商品的信誉，也容易导致质量问题，出现外商退货、索赔，甚至带来国外反倾销问题。

最后，由于浙江民营企业的崛起，大多数企业的经营管理方式普遍落后，大部分企业采取的是"老子当董事长，儿子当总经理"，以业主个人产权为基础的家庭式管理。家庭经营管理方式的主要弊端是决策随意性大、非规模管理、人才来路和言路不畅，不利于开拓国际市场。同时，在国际投资领域竞争已经进入数字信息时代，信息的要素作用越来越突出的今天，浙江企业的家庭经营管理方式，又使企业在获取国际投资信息的手段、国际投资信息专业人员、国际等投资信息设备、国际投资信息的开发和利用"硬件"和"软件"方面都相当落后，明显处于劣势的地位。

因此，浙江企业在传统的经营管理方式下，企业的管理水平和整体素质都难有大幅度的提高，严重影响了企业的发展。

第二章

企业国际化管理经验的理论基础

第一节　企业国际化理论综述

通过对相关文献和全面的官方报告的分析，可以看出企业国际化经营的分类方式有很多种。例如，根据国际贸易的形式，企业的国际化经营模式可以分为许可贸易和特许贸易。按照对外投资的方式，可以分为间接投资和直接投资。此外，还有许多不同类型的分类，每种类型都包含许多不同的模式。比尔基等提出了"出口行为理论"，该理论认为企业国际化就是不断学习，强调创新的过程。国外学者 Johanson J. 认为，企业国际化经营的方式包括：产品出口、特许经营、直接投资、技术许可、承包国际工程等。中国企业国际化当前所涉及的经营模式超过 20 种，主要有：市场国际化、资源国际化、资本国际化以及技术国际化四种经营模式。

随着经济全球化的深入发展，国际产品分工格局正在发生重大变化。越来越多的跨国企业正在成为引领世界经济发展的新兴力量。从全球化价值链来看，发达国家正处于高附加值环节，而作为发展中国家，我们正处于"走出去"初期，往往处于价值链的低端。在这样的环境下，如何选择适合自己企业发展的国际化道路成为跨国企业思考的一大问题。

价值链理论起源于 20 世纪 80 年代。1985 年，Michael Porter 提出了价值链的概念，他认为价值链是指每个企业在产品生产过程中辅助产品的设计、生产、销售和生产活动过程的整合，而价值增加链就是来检验产品设计、生产、销售整个活动过程的价值增值过程的。格里芬（1999）提出，因为商品的生产和销售分布在不同的地区，所以由商品所引起的商品价值链是目前学术界比较认同的概念，价值链理论在之前主要用于分析企业竞争力，而后研究者大多将其与产业升级等问题进行综合研究。格里芬在 1999 年提出生产者驱动型和采购者驱动型的二元动力机制，对发生于资本和技术密集型产业的生产者驱动型价值链以及对于传统劳动密集型产业，不同生产环节进行全球整合的购买者驱动型价值链进行了划分。随着世界经济状况的逐渐发展和深化，更多的学者致力于探讨全球价值链的动力机制、治理模式以及升级问题，价值链的概念也逐渐转向了"全球价值链"。国际分工的结果造就了全球价值链的形成，全球价值链的空间分化和延伸，体现了生产要素全球空间再配置和生产垂直分离之间的相互联系，同时一条基于产品的价值创造和实现的全球价值链也在各个参与的地区之间慢慢形成了。Humphrey 和 Schmitz（2002）认为，一般企业可以通过引进先进技术、引入新产品增加价值、从生产制造环节向服务营销攀升以及多元化发展战略来分散国际化过程中产生的风险，即通过工艺流程升级、产品升级、功能升级以及链条升级四个步骤达到全球价值链升级。

为了在全球价值链中占据更加重要的地位，新兴产业逐渐将重心转移到工艺改进、设备研发、设计开发等核心部位上，弱化甚至消除了原始的传统的非核心链接的环节，以在价值链"碎片化"中获得战略地位。这种"碎片化"的竞争有效地打破了俘获型网络对于"边界"的锁定，形成了以应用技术、核心部件或主要零部件生产为主的技术系统。进而带动整个全球价值链重新构建产品，调整产品内部的物流布局、功能布局和功能部件的接口选择。除了跨越产品"边界"，还可以占据价值链中的"高区位"产业集群。一方面，建立拥有自己标准化的全球生产体系，或者将非核心环节的业务分包给全球其他厂商；另一方面，在全球知识密集型地区建立研发机构，并承担"技术守门员"的角色，以此来实现空间地理上的"跨界"。此时，业内企业在某些领域一直占据主导地位，并占领一定的规模，为了进一步提高企业竞争力，通过和其他地区或集群形成认知邻近性，组织邻近性和地理邻近性的技术集群（Albino et al.，2007；Petruzzelli et al.，2009），并以国际战略联盟、并购和兼并、跨国公司等形式，实现空间关系上的"跨界"。

中国学者对全球价值链的动因做了大量的研究，张辉（2004）指出，不同驱动类型的价值链应该具有不同的升级模式。魏龙则认为，中国企业升级模式的不同来源于不同产业驱动下中国制造业在嵌入全球价值链后先进企业获得的技术不同。张辉（2007）将全球价值链分为生产者驱动型、购买者驱动型以及混合型三种类型。陈柳钦（2009）认为，采购者驱动型价值链中附加值有很高的不平衡因素，需要通过分析竞争优势来确定国际化发展进入模式。

Humphrey 和 Schmitz（2002）认为，企业之间应该共享信息技术，相互帮助，创造等级制的治理模式，形成主导的龙头企业，实现在价值链中位置的攀升。依托于网络基础下，对供应商有较高的能力要求，但是也对应较少的升级约束条件，这样可以更好地帮助企业改变位置并且开展市场型治理模式。周升起等（2014）基于 GVC 地位指数测算了中国制造业各行业的国际分工地位，发现中国制造业与世界前列国家的差距仍然较大，在全球价值链中的分工处于低端水平。影响中国制造业产业升级的主要因素有内、外部两类因素。其中，内部影响因素主要有内部技术创新、融资约束、要素禀赋等；外部影响因素主要有金融支持、制度质量、对外直接投资等。主要从技术、资本、劳动等生产要素的角度对以上影响因素的研究进行剖析，还缺乏对外部创新生产要素的整合。简言之，目前的研究没有考虑产业主动获取外部知识、技术等创新资源对产业升级的重要作用，还有待改进。

第二节　市场国际化管理经验理论综述

市场国际化是指国内市场经济与国际市场相结合的模式，包括海外建厂、产品出口等，以适应国际市场生产经营的一般规律。中国企业的市场国际化经营模式主要包括以下三个方面：①劳务输出，承包工程。大多数大型企业国际化的重要方式是"走出去"，但目前大多数的中国企业与国际老品牌企业的竞争力差距还是很大，所以中国企业大多还是将制造业的生产放在国内，利用我国制造业的优势抢占国外市场，依托全球化市场进行产品出口和劳务输出。例如，美国旧金山奥克兰海湾大桥项目，中国上海振华重工承包了复杂的钢结构建造，在国际市场上获得了一席之位；华为手机的国际化经营模式就是以直接出口为主要模式，利用国内市场带动国外市场，占领国际市场。②自建国外销售渠道网络。中国有着悠久的历史，许多著名的名牌企业占领国际市场的主要手段都是自建国外销售渠道网络，直接将国内生产的产品利用自己的销售网络向海外推广，并建立客户关系群之间的直接关系，打响国内声誉来促进海外的营销，通过拥有自己的海外销售网络以获得国际地位。③外国工厂，本地生产。基于国外当地生产成本较低的前提下，在国外建设生产基地，这种模式可以避免直接出口的贸易壁垒。在国内，生产技术成熟且市场的销售情况较为稳定的大企业都会采取这种模式发展。据调查显示，中国企业在海外建立的工厂主要分布在一些缺少先进技术以及设备但人力资源充足可以降低生产成本的地区，如东南亚、非洲和其他一些发展中国家，在这些地区，中国企业可以通过技术在当地站稳脚跟。海尔集团的国际化经营模式就包括了海外生产基地与研发基地的建设，产品质量以国际标准为准则，不仅使青岛的海尔，东南亚的海尔，还使美国的海尔均大大减少了运费，根据各国不同的市场需求进行研发生产，有利于其在国际市场上提高竞争能力。

传统的制造业企业一般采用低成本的战略进入国际市场来扩大国际市场。景劲松等（2003）和 Zedtwitz（2006）从实证研究中发现，大多数企业为了适应东道国市场的需求，会选择经济社会发展较为不发达的国家和地区来建立研发中心，开展技术转移和市场研发活动。余琼蕾和范钧（2006）结合新型产业集群理论，从新兴产业集群的特征出发，分析了国际化进程中义乌所取得的成功经验。周国红（2007）认为，义乌小市场和产业集群的相互发展是义乌中国小商品城参与国际分工的重要动力，也是对民营企业进行国际化路径的一种创新。Minin 和 Zhang（2010）对江淮汽车和长安汽车海外研发中心进行了研究，其中长安汽车是最开始从交易成本的角度将国际化模式分成了出口和直接投资的企业，让中国总部的研发人员和当地的设计专家进行合作，通过了解当地的知识环境来快速打通渠道以提升员工的学习知识、技能和管理能力，从而提升母公司的研发能力。汪涛（2018）在现有的研究基础上，从风险、控制程度、资源承诺度等多方面进行总结，发现中国企业进入国际市场的出口模式有较轻的风险、资源承诺也较低，对国外市场的控制能力也弱，其他学者从市场国际化的一般路径上也对其进行了补充。

第三节　技术国际化管理经验理论综述

技术国际化模式是指技术的国际化，包括引进海外技术或在海外直接建立研发机构，以此来提高国内的生产技术，实现生产技术国际化。除此之外，技术国际化还包括国内企业自己拥有核心技术，仅负责技术方面的投入，生产线、厂房与销售等都由国外企业提供。不少中国企业都采用技术国际化经营模式，其中贴牌生产模式最为常见，通过负责设计和开发新产品，再委托达到国际标准的厂家进行生产，最后将国外公司品牌商标贴到产品上，直接在当地进行销售。如格兰仕公司的微波炉和电烤箱等就是在本地按照国际标准生产，再贴商标在国外进行销售，以此销量大涨，占据国际市场份额。大量研究已经证明了技术引进对于东道国具有溢出效应，国际技术转移对一国的技术进步存在深远的影响。技术引进可以通过直接的技术溢出促进产业技术创新。陈国宏等（2001）验证了技术引进是中国工业技术进步的重要影响因素，邢斐、张建华（2009）对中国工业行业进行细分发现，技术引进通过技术溢出提升了行业技术创新能力。

Cantwell（1997）认为，"走出去"不仅只是产品出口，而是需要在海外设立研发中心，实行研发的本土化。Zedtwitz 和 Gassmann（1998）将企业总部和其海外研发中心作为整体，区分了五种不同类型的技术国际化：民族中心型、多中心分散型、地域中心型、研发中心型、整合的研发网络，并指出发展中国家国际化是通过学习借鉴发达国家比较先进的知识和技术来提高其自身核心能力的过程。周升起等（2016）认为，企业在选择国际化战略模式时会首先考虑企业自身优势，选择适合企业自身的发展模式促进对外投资。郝晓强等则认为，新兴国家的企业能够激励企业总部提高研发投入，将发达国家知识转移到母国，进而提升企业研发水平和已有知识进行再创新的能力。Dunning J. H. 和 Wymbs C.（2001）提出，发展中国家利用外资和技术来积累经验，并且结合对外直接投资技术创新升级理论，通过自身的生产要素优势，发挥其独特的学习经验和管理能力，来掌握国内外现有技术，并随行业分布和地理位置的不同改变其管理战略和产品性能。同时发展中国家可以从跟随、模仿到通过自主创新追赶发达国家的企业（Li and Kizhikode，2008）。梁正等（2008）在全球制造网络概念基础上，从动力学机制与空间结构的角度，延伸至全球研发网络，从跨国公司的研发全球网络进行分析。Yang 等（2009）认为，发展中国家的研发受到国外公司治理的约束，海外学习经验的治理是发展中国家和发展中国家在与跨国公司合作过程中发展创新能力的一种手段，从而来提高自身的创新能力。发展中国家通过提高自身的创新能力以达到世界先进水平，正逐渐在传统的全球创新系统中扮演着重要角色（Li and

Kozhikode，2009）。关涛、薛求知等（2009）通过案例研究，从总部和海外研发机构关系协调中总结出跨国公司技术国际化是有一定的生命周期的。李正卫等（2014）抽取了200家中国电子设备制造业上市公司进行案例研究发现，企业规模、研发能力、产品出口、高管受教育程度对技术国际化有显著正向影响，同时，研发企业技术水平和东道主的研发资源丰富度可以对技术寻求型企业具有显著影响（张纪凤，2014）。

对于技术国际化企业，如何科学合理地选择研发活动区位也是企业"走出去"的重要议题。部分学者认为海外研发中心的区位选择往往依赖于企业进行技术国际化的动因，一些企业会在有市场和生产投资的地方创建研发中心来开拓市场，而一些以基础研究和创新产品开发为目的的企业，则会选择在创新和技术资源聚集地建立研发中心（Cheng J.，1993）。有些企业则根据投资方国家、投资地国家的不同，来选择海外研发基地（Kumar N.，2001；Demirbag，2010；Zedtwitz，2002）。陈衍泰等（2016）从东道国的制度质量对于海外研发选址的调节作用研究发现，东道国的制度质量越高，市场需求和技术水平与区位选择的正向关系加强，研发人员成本与区位选择之间的负向关系将会减弱。

技术国际化中有关于全球创新链的定义，现有文献大体上都是基于开放式创新理论来进行界定的。马琳、吴金希（2011）认为，全球创新网络是企业在全球范围内搜索可利用的知识资源、关注资源使用权、具备高度开放性的价值网络创新模式。随着全球竞争不断加剧，知识更新周期缩短，使国际企业开展跨国研发合作更加紧迫（张战仁、李一莉，2015），同时在互联网的普及、有线及无线通信以及方便快捷的全球交通运输下，跨国公司的国际研发投资转移更为便捷，跨国研发成本大幅下降，研发效率大为提高，让研发机构、厂商、供应商进行广泛科研合作成为较大可能。此外，知识的模块化编码处理，导致创新发生了革命性的变革，研发设计从集中化到模块化、分散化，从由单一的企业到由相互依赖但又纵向分离的国际企业分工合作，国际企业可以通过研发委托和开放式的全球研发的方式，利用全球的创新资源，加速研发的进程，形成全球创新链，推动国际化企业创新和研发。综上所述，全球创新链是有效地整合全球范围内的知识、技术等创新资源，改善创新生态环境，提高创新效率的全球创新链式组织。在这个链式组织中，创新主体利用自身创新优势，在创新组织者协调下形成创新分工与协作关系，达到减少创新成本、降低创新风险、缩短创新周期，提高创新绩效的目标。

技术引进还可能通过间接的诱发效应激励产业"二次创新"，对产业自主研发产生积极影响，如一国某产业引进先进技术或购买技术在增强自身技术知识的同时也可能促进产业进一步创新，在创新的过程中随着对新技术的学习和适应过程，产业内科技人员通过接受培训，进行技术应用实践并吸收消化新技术。

第四节　资本国际化管理经验理论综述

资本国际化经营模式是指在国外进行资金筹集或直接将资本用于海外投资等筹集海内外资本来进行生产经营的模式。①绿地（新建）投资模式。中国企业的资本国际化经营模式，最主要的模式为对外直接投资模式，即 FDI 模式。对外直接投资就是国内企业或投资人把自身所持有的资本直接用于国外的产品生产和海外企业经营中，从而获得海外企业经营权并占据一定的国际市场，也就是人们常常提起的"走出去"战略，中国企业的 FDI 模式主要是绿地投资方式，在该种模式下分为国际独资企业和国际合资企业，企业具备原国内企业需拥有垄断性的技术，且海外目的国大多是欠发达的发展中国家。这种模式主要是按照海外国家的法律程序进行投资新建并且所包含的资产归外国投资者所有，《中国企业全球化报告（2018）》中提到，随着"一带一路"的持续推进，中国企业在接下来的几年对"一带一路"沿线国家的绿地投资规模将扩大。②海外并购模式。跨国并购也是 FDI 模式中的一种，也可引起资本的流入，与绿地投资模式相比，海外并购模式所提供的资本并不总是增加生产资本存量的，而绿地投资模式则会增加。但是，并购模式极少会转移新技术，所以可能会导致并购企业的就业机会减少。从长期角度来看，绿地投资方式中有现实的直接投资资本或效益资本发生了跨国的流动。

一般来说，具有国际化经验的企业往往更偏向于独资模式，而不是出口贸易等模式（Agrawal et al., 1992）。当企业的国际化经验丰富程度高时，企业既拥有核心优势技术，同时对海外经营的风险和运营也有良好把控力，会选择绿地投资的方式进入（曾德明等，2013）。而高振、江若尘（2018）指出，越是拥有丰富国际化经验的企业，则越倾向于选择非股权模式，因为该模式下对跨国经验管理需要有更深入的了解，经验成本较低，能为企业实现更大的利润率。国际化企业根据其持股比例的不同分为独资、多数股权、合资经营、拥有少数股权和授权五种（Davis，2000），海外并购其实是企业并购在产权交易下的国际延伸的对外直接投资行为（吴术，2013）。Huang 和 Wang（2009）在收集了 1985~2007 年中国企业在境外直接投资 (OFDI) 和专利申请的数据后，分析认为中国企业的对外直接投资可以通过研发资源的共享机理、单向技术沟通机理和海外市场的竞争机理共同实现，从而提升企业的创新能力。汪涛（2018）指出，以契约等模式作为国际化模式进入国际市场的企业具有中等的资源承诺度、风险和控制力，而以股权模式作为国际化模式进入的企业往往成本、风险、对资源的承诺度等都是较高的。

　　并购是一种可促进资源的优化配置、改善公司治理、实现规模经济、提高市场份额，从而达到企业扩张的重要形式。影响企业并购的研究已从多方面展开：①并购分为相关并购和无关并购两种（李善民、周小春，2009），地方政府直接控制的企业更容易实施本地并购和无关多元化并购，而中央政府控制的企业则可以实现跨地区并购，通过突破地方政府设置的障碍等方式（方军雄，2008）。②中国 27% 以上的上市公司 CEO 曾是中央或者地方政府官员（Hausmannr，2007），不同性质的政治关联会产生不同的并购战略选择（方军雄，2008）；而政治关联还能保护企业产权免受政府损害以法律保护的替代机制，进而促进并购绩效的提升（Shleifer，2007）。③地方政府会扮演"掠夺之手"或"支持之手"的角色，出于对自身的政策性负担或政治晋升目标，直接影响地方国有企业并购绩效。综上所述，现有文献对资本国际化的研究大多从中国情境出发，以并购战略类型和并购绩效作为研究目的，探讨政治因素对并购影响，从而观察并购活动的最终环节和显性结果。

第三章

浙商企业市场国际化管理经验案例研究

第一节 标杆案例分析——华立集团

 公司简介

华立集团创立于 1970 年 9 月 28 日，自 2008 年 1 月，华立集团总部及相关杭州子公司搬入位于杭州市西溪湿地西区旁的五常大道 181 号华立科技园。华立主要投身于发展医药、仪表及电力自动化、生物质燃料、新材料、国际电力工程及贸易、海外资源型农业等产业。已成为一家以医药为核心主业、多元化投资发展的企业集团。华立位列中国企业集团竞争力 500 强、全国民营企业 500 强。华立从一家小作坊开始发展成为总资产与年营业收入双双超过百亿元人民币大企业。

华立在全国各地及海外雇员一万余人，且拥有一支 1000 余人的科研团队，其中，高级职称 120 多人，中级职称 720 余人。现已拥有 3 个"博士后工作站"、3 个"中国驰名商标"、11 个高新技术企业、4 个省级企业技术中心。

华立控股了昆明制药（600422）、武汉健民（600976）、华智控股（000607）3 家 A 股上市公司；参股 A 股上市公司开创国际（600097）。同时华立已经在泰国、印度、阿根廷、约旦、坦桑尼亚、乌兹别克斯坦等国投资建立了各类产业的生产基地，同时在美国、法国、俄罗斯、菲律宾以及非洲等十多个国家设立了业务机构，代理和销售的产品更是遍及五大洲 120 多个国家和地区。2006 年，华立在泰国中部罗勇府投资开发了"中国工业园"，开辟了中国企业"走出去"的新模式，2010 年，华立又开始在印度尼西亚、柬埔寨布局，同时在舟山发展生物质可再生能源产业。华立全球国际化经营的基本框架已经初步形成。

案例梗概

1. 华立收购飞利浦位于美国的 CDMA 项目。
2. 掌握 CDMA 技术，将技术运用于市场。
3. 放弃 CDMA，转向 TD-SCDMA。
4. 大量种植青蒿素，实现青蒿素的产销研的产业链建设。
5. 青蒿素市场面临众多对手挑战，市场萎缩。
6. 依托 "一带一路" 建设泰国工业园。

关键词：产业链建设；"一带一路"；挑战；CDMA 项目

 案例全文

一、华立国际化背景

1970 年，杭州生产竹器、雨伞、笔管扫帚的三个手工业合作社合并成为 "余杭镇竹器雨具厂"，1975 年，华立参与开发试制的 DD28 型电能表样品通过哈尔滨电工仪表研究所的鉴定，被列为中国生产 DD28 型电度表四家批试厂之一，成为行业新星，到今天，华立成为由多个产业集团公司组成的多元化投资民营企业集团，位于杭州余杭的华立集团，从 1999 年起就将国际化定为未来 30 年的主攻方向之一。

当华立还是一家从事电能表生产企业的时候，由于国内市场非常细分且容量不大，华立早就试想着开拓国际市场。于是，在 20 世纪 90 年代初华立开始将电能表面向国际市场销售，只不过当初只能通过外贸公司，也没有自己的品牌。1995 年华立获得了自营进出口权，组建了国际贸易部，开始以自主品牌在国际市场上推销产品。到 90 年代末，华立发觉这种模式也越来越难，因为即使华立产品的性价比非常高，但外国人总对其业务的可持续性和售后服务心怀疑虑，即使是在自称高度市场化的国家，也总是存在一些非关税贸易壁垒。而且按照华立集团总裁汪力成的说法："电能表行业本身的规模决定了企业的发展空间有限。作为民营企业的华立希望企业不断地做大，希望跳出仪表行业来发展。"这也促成了华立多元化发展的初衷。

到 2000 年，华立正式开始了国际化布局，决定尝试"销地产"（在销售所在地生产），虽然制造成本会高一点，但产品售价也会高一点；同时涉足其他产业，开始国际化历史的征程。

二、华立国际化实践

（一）两次精心选择时机的收购

从 2001 年，在国内成功实现买壳上市的华立集团，做的最轰动性的并购事件就是收购飞利浦位于美国的 CDMA 项目。

这次收购引发了业界的高度关注。让国人激动的是，一家中国民营企业买下 CDMA 的核心技术，试图打破拥有 CDMA 专利技术的高通公司在国内的垄断地位。而华立将国内青蒿素产业的龙头企业昆明制药揽入怀中，则让人对其成功打造新的国际医药产业（青蒿素产业）充满了希望。

凭借成功收购重庆川仪和恒泰芒果这两个壳的经验，华立收购的技巧在 CDMA 项目和昆明制药中再次显现：收购 CDMA 项目是在"9·11"事件发生不久，在美国股市大跌的情况下，飞利浦急于找买家；收购昆明制药，则充分利用了云南省政府在 2002 年在国有企业中实施"国退民进"的战略。

两件收购案的交易价格十分划算，而且被收购对象在业内的地位也十分尊崇。华立由此进入了两个前景广阔的新领域，而且这两个新领域，都与国际化有关。

首先，选择在一个新的产业的核心技术环节切入（掌握 CDMA 的核心技术），等于掌握国内迅猛发展的手机产业链的上游技术环节，华立试图将美国的研发技术优势和中国的市场应用进行有机的结合，从而在新产业链中确立新的优势。

其次，青蒿是治疟疾的中药原料，华立先是大量种植青蒿，掌握产业链的上游，进而沿着产业链往下走，收购链条中下游的龙头企业，收购昆明制药即是其中一个很重要的环节。而青蒿主要在中国种植，所治疗的疟疾主要发生在非洲，在主要的种植国布局好青蒿素上游产业链，一旦国外巨头想要在国内收购原料药，一般情况下，拥有垄断地位的华立就有很大的话语权了。

这是两个精巧的构思，在逻辑上十分严密。可是，后来的遭遇却出乎操作者的意料。

（二）CDMA 项目：没有系统支持的整合举步维艰

2001 年，华立收购了飞利浦位于美国的 CDMA 项目，媒体纷纷惊呼中国民企开始大步走向世界，打破高通在 CDMA 上的垄断指日可待，就连美国的专业媒体，也相当关注此次收购，汪力成本人还由此被美国《财富》杂志评为 2001 年中国商人，并位居榜首。

华立集团当时决定收购飞利浦的 CDMA 研发部门，动因就是希望通过企业的多元化经营保持继续的高速成长。收购完成之际，业界形成了一个错觉，以为华立买下并掌握了 CDMA 核心技术，可以与拥有 CDMA 专利技术的高通公司完全竞争。可是，华立失算了。原来飞利浦与高通之间关于 CDMA 芯片有一些秘密交叉协议和授权协议，收购后，一开始华立只拿到了 CDMA95A 和 20001X 等阶段的技术，而和 3G 有关的 CDMA 专利还都控制在美国高通手里。

这样形势就十分明了：如果华立 CDMA 项目要往上走，必须通过飞利浦与高通进行新的交叉授权，获取最新的 CDMA 专利，而维持原有的技术团队及其不断更新的体系，付出的代价是非常巨大的，有媒体报道，每年需要千万美元以上的投入。更令人头疼的是，华立研发出来的产品一直落后于高通，而且受到高通专利池的多种限制，华立的 CDMA 技术及其芯片很难成为市场的主流，联通及国内主流手机、系统厂商均采用高通的技术产品，华立只能剑走偏锋出击低端的无线固话市场，或者将芯片卖给国外非主流的厂商。

由于华立是新来者，过去电表行业所积累的技术资源无法为 CDMA 项目提供必要的技术背景支撑，缺乏系统的技术资源支持的项目运转，每前进一步都是新的领域，其付出的代价也是惊人的。于是，华立突然发现自己陷入一个中国企业罕有的困境中：从电能表微薄的利润中，抽取巨额资金雇用美国的人才，购买美国的机器，在美国，在一个全新的领域里，跟比自己强大得多的美国对手进行技术比拼。

相比之下，在自己熟悉的主业里已经取得霸主地位的高通，面对华立，则显得闲庭信步。四年后，不堪 CDMA 之重的华立开始转向：2005 年 1 月初，华立信息产业发展有限公司（华立信息产业集团的子公司）与大唐移动通信设备有限公司签署了 TD-SCD-MA 终端合作协议。华立、大唐双方将基于大唐移动的联合解决方案开发 TD-SCD-MA 商用终端，并参加信息产业部组织的 TD-SCD-MA 准商用测试。虽然当时华立在 TD-SCDMA 上已经投入了 2 亿元人民币，但是，面向 3G 的研发资金缺口仍然巨大。对此，有专家认为，夹缝中的华立不得不放弃对撼高通芯片核心技术，转向小得多的市场——TD-SCD-MA 技术市场，在高通技术的市场空隙里寻找生存空间。

（三）青蒿素：前后遭遇意想不到的"阻击"

华立医药是华立集团的一个新的战略——进军医药行业而设立的，这家公司通过收购、整合，重新塑造并拥有了一个新的产业链——青蒿素产业链。青蒿素是中国唯一被世界卫生组织（WHO）认可的按照西药标准研发的中药。该药主要应用于治疗疟疾。据介绍，由中国植物青蒿中提取的俗称青蒿素类药物，被全球医学界公认为是最安全、最有效的抗疟药物，主要出口非洲。

2000 年，华立控股开始整合青蒿素产业。四年间，华立在原料生产上下功夫，先后投入巨资，人工培育优质种子，使青蒿素的含量提高到了 8%~10%；期间还收购湖南吉首制药厂，控制中国青蒿素产量的 80% 以上；组建北京华立科泰医药有限公司，建立起了专业的市场营销队伍；等等。投入的数亿元资金，终于使华立建立起从种子培育到国际营销的一整条完整的产业链。

华立花了四年时间，斥资不菲，辛勤打造的青蒿素在 2004 年碰到的一个重大的机遇：全球的医疗机构终于改变过去的做法，转而采用新的中药制剂青蒿素（Artemisinin）作为治疗疟疾的首选药物。过去不赞成采用青蒿素的美国、英国等主要捐助国家以及联合国儿童基金会和世界银行都欢迎这种新药，重庆酉阳就是华立控股的青蒿素种植基地。2004 年底，华立已经拿到了青蒿素原料的国际订单。可是，在这个重大的机遇面前，走了先手的华立突然遭遇了意想不到的阻击：青蒿素类药上，竞争对手复星医药出现了。

2005 年 1 月 29 日，复星医药发布"控股子公司重大事项"公告称，桂林制药的青蒿琥酯片成为国内唯一通过 WHO 复查的青蒿素类药生产厂家。相对于华立控股主攻青蒿素类药而言，复星医药进入青蒿素类药在时间和速度上均"落后一拍"。不过，这似乎并不影响复星医药在与华立控股的竞争中后来居上：2003 年 12 月末，复星医药出资 7836 万元对桂林制药进行增资扩股，并取得桂林制药总股本 60% 的绝对控制权。而桂林制药，恰恰为青蒿素类药这一中国自主知识产权做过重要贡献。

2004 年末，WHO 官员关于落实"WHO 公共药品采购目录"的中国之行，直接引发了华立控股与复星医药的两军对垒：面对复星医药的咄咄逼人，华立控股则表示其复方青蒿素抗疟药"将成为第一个进入 WHO 公共药品采购目录的中国制药企业"。在青蒿种植上，一向认为已经控制了上游种植量的 80% 以上的华立控股，其形势也不轻松：青蒿是一年生植物，2003 年华立在重庆酉阳的青蒿种植，使当地农民得到了实惠。2004 年该县农民的积极性很高，已经打算把种植面积扩展到 10 万亩，在四川、广西、云南等地，还有不少地方想种植。由于适合种植的地方多，一年就能成熟，所以华立要控制上游原料的种植环节变得极不可能。

在中游青蒿素类药生产中，有复星医药的虎视眈眈，还有不少竞争对手在加入。下游，并不是一个自由竞争的市场，买家主要是 WHO（世界卫生组织）这一类国际专门机构，而华立要进入 WHO 的采购目录，必须符合 WHO 制定的条件。而当时，华立的产品还没有进入 WHO 的采购目录，所拿到的国际订单，无论是昆明制药蒿甲醚原料药，还是华立控股的青蒿素原料，都是给世界医药巨头——诺华进入 WHO 的采购目录的产品提供原料药。也就是说，中国"原料商"能否破茧蜕变为"供应商"，从而分食这些国际采购的巨额订单，能否顺利通过世界卫生组织的供应商预认证程序将是关键所在。

由于不熟悉联合国采购的规则，中国供应商极少加入联合国的供应商系统。尤其是在抗疟药领域，联合国部分采购的由中国制造的药品大多是通过丹麦、瑞士、法国甚至印度、越南等国的贸易商购买。中国药厂的角色仅仅是原料生产基地，而且合格的"原料生产基地"也只有两家：广西桂林制药有限公司（法国赛诺非公司供应的青蒿琥酯生产基地）、北京诺华公司（瑞士诺华供应的蒿甲醚—苯芴醇的生产基地）。虽然目前我国是世界上最大的青蒿资源国，但利益的大头却控制在跨国医药巨头的手中。这样一来，华立面临的又是类似于 CDMA 项目那样开创性的工作，开拓青蒿素产业链的"地板"（全球性销售网络）和"天花板"（核心技术），构建"青蒿种植—加工提炼—成药制造—科研开发—国际营销"产业链。

不过，青蒿素的整个产业是一个很特别的产业，整个产业目前的主要方向是用于治疗非洲的疟疾，中国的青蒿素之所以有发展机遇，是因为国际卫生组织认为中药里的青蒿素治疗疟疾效果最好。目前,包括国际卫生组织在内的几家国际机构今后 5 年内总的采购金额是 4 亿~5 亿美元,在 11 个国家采购。随着医疗事业的进步,疗效显著的青蒿素可能使非洲的疟疾患者大幅减少,从而整个产业的规模也将萎缩。幸运的是,青蒿素不仅仅用于治疗疟疾,2004 年 10 月底,华立与美国华盛顿大学签约,共同开发新的抗癌药物。据悉,华盛顿大学科学家近年来在研究中发现,从苦艾中提取的青蒿素能够在不伤害周围健康细胞的前提下,有效对付血癌和乳腺癌细胞,其有效性超过化学疗法。华立控股及华立在美国的子公司华立制药厂已经和华盛顿大学科技转移办公室签约,利用华立的青蒿素资源共同研发新的抗癌药物。

可是,即使青蒿素在抗癌方面的研究能够成功,核心技术依旧在他人手里,华立要突破纯粹的原料供应商的角色,还有很远的路要走。

三、华立国际化经营情况

(一)青蒿素抗疟药

华立打造了全球唯一的从青蒿种子培育、青蒿种植、加工提取、成药制造、科研开发、国际营销完整的青蒿素产业链。华立旗下青蒿素类抗疟药已在非洲 40 多个国家注册、销售,自有品牌 Cotecxin、Artem、Artemedine、Duo-cotecxin 等青蒿素类制剂累计销售上亿人份,每年拯救疟疾肆虐的非洲数百万患者的生命,成为拉近中非距离的民间使者。2006 年,华立成为商务部对外援助实施企业。截至 2018 年,华立共实施中国政府抗疟药援助项目300 余个,向疟区国家提供了价值超过 3.5 亿元、1800 万人份的抗疟药品。同时,华立还承担了 21 期商务部援外培训班,来自 61 个国家的 550 余名学员参加了华立组织的疟疾防治、热带病防治和医疗器械类培训,以"授人以渔"的理念,以情怀致敬中非友谊、以市场升级中非合作。

(二)电力产品及服务

华立牌电能表产品在非销售网络已覆盖南非、东非、西非和北非十多个国家,并且陆续在尼日利亚、加纳、南非等市场通过与本地合作伙伴深度合作,逐步实现了包括智能电表在内的电力计量产品的本土化生产、服务甚至产品的开发定制，不但带动并促进当地就业，而且助力非洲电力建设。

华立为非洲偏远地区带去了"光明"。早在2003年华立国际公司成立并进入光伏产品及系统、电网设备及工程领域。截至2018年9月，华立国际已在尼日利亚、埃塞俄比亚、卢旺达、委内瑞拉等地设立境外子公司和办事处，中小型离网太阳能系统业务深入非洲地区，为当地的居民带去了清洁的绿色能源，深受当地政府与人民的认可与青睐。

（三）新材料产业

旗下公司华正新材创建于2008年，作为国内最早开发生产导热材料的企业之一，华正新材导热材料批量投产已逾十年，华正新材导热材料从最初的导热系数1瓦、1.5瓦发展到2瓦、3瓦以及最新研发的4瓦，从最初的铝基板发展到铜基板、导热CEM-3、导热FR-4、类BT板，从常规铝基板发展到可弯折、高耐压、低热阻、低模量等多种特性的导热材料，从LED显示、普通照明、TV背光应用发展到特种照明、前照车灯、电源、电控以及最新的Mini LED和Micro LED应用，导热材料事业部也从最初一两个研发工艺人员发展到如今拥有研发、工艺、生产、品质、市场、销售等部门的独立事业部。华正新材导热材料事业部还主导制定了《印制电路用导热型覆铜箔环氧复合基层压板》和《印制电路用导热非预浸半固化片》等导热材料标准，填补了国内外相关标准的空白，对促进我国基础散热材料以及高性能树脂基复合材料的发展和产品质量的提升发挥了积极作用。

十余年来，华正新材持续投入资金和人力，培养高级研发人才，购置先进生产、研发、检测设备，提升管理水平，形成了系列化导热基板制造能力。华正新材导热材料获得了包括PHILIPS、OSRAM、SONY、TOSHIBA、SAMSUNG、HELLA、SEOUL SEMICONDUTCOR以及吉利、长城、华域、星宇在内的多家国内外终端的认可并成为指定使用材料。

四、华立国际化核心逻辑

（一）从"产品出海"到"产业出海"

华立从20世纪90年代初涉足国际贸易领域时，开始只是通过外贸公司销售电能表，1995年公司取得自营进出口权之后就组建了国际贸易部，在进出口领域不断试水与突破，到最后正式将"国际化"确定为公司"技术领先、资本经营、全球配置"三大发展战略的重要内容之一，主动参与国际竞争，不断加快"走出去"步伐。

华立集团已将当初的"无心插柳"之作——境外工业园投资开发运营上升到了华立国际化发展的战略目标之一，助力至少1000家中国制造业实现产地多元化及国际产能合作。

值得注意的是，华立境外工业园的目的不是简单的境外设厂，"我们最终的目的是希望通过产地多元化、全球供应链管理等方式来改变我们民营企业长期以来只是用外贸出口方式向全球'卖卖卖'的单一经营模式，改变企业单一的国内资源配置方式，以此提升我们制造业的国际竞争力，并真正与世界经济融为一体。"华立集团董事局主席汪力成如是说。

（二）依托"一带一路"合理布局

由于华立成功地开发了泰国泰中罗勇工业园，又正好赶上了"一带一路"这个"风口"，所以许多人误以为华立是一家工业地产开发商。其实华立在境外（而且只是在境外）开发中国工业园纯属偶然之举，当初的出发点只是想将华立在海外拓展中的经验和教训分享给中国的其他制造业企业，让后"出海"的中国企业不要再去走一遍弯路、交一遍学费。

当然，现在华立已经将境外工业园开发作为自身国际化发展战略目标中的一项战略投资来进行定位了，也初步确定了未来在全球开发运营"三大三小"中国工业园的战略目标，即在泰国（面向东盟和南亚）、墨西哥（面向美洲）、北非（面向欧洲、中东、非洲）分别开发一个规模达到10平方公里以上的中国工业园，可容纳至少500家中国制造企业落户，同时适时在缅甸土瓦港、乌兹别克斯坦、埃塞俄比亚再各开发一个3~5平方公里的小型特色工业园区，有计划、有组织地助力300家中小制造业进行产业梯度转移和发展。

这"三大三小"境外园区的选址定位，除了按华立坚持的选址理念以外，还着重考虑了未来能开辟新的更快捷和成本更低、能规避一些国际敏感冲突点的物流通道。

华立希望以自身在国际化经营开拓过程中所积累起来的经验、审慎细致的前期调研准备、以"利他即利己"的经营理念，帮助中国制造业以"门槛更低、风险更小、更易成功"的路径"走出去"，通过"抱团出海、抱团取暖、抱团竞争"的方式实现全球产能布局。在此过程中，也同样使得华立自身的产业在全球化布局中基础更扎实、更安全，协同能力更强。

资料来源：《华立集团汪力成：中国制造业海外布局痛点、教训和十点建议》，"走出去"智库网；邵捷《华立系：国际化冲动的收购和"试错"》，浙商网；华立集团和华海集团官网以及年报整理而得。

经验借鉴

中国制造业在"走出去"的过程中，形式是多样的。以前中国企业做得比较多的是收购发达国家一些经营或财务上出现困难但拥有核心技术、品牌或者销售渠道的同行或者关联行业企业，以达到快速掌握产业链上下游资源、快速提升综合技术实力或者快速切入高端市场的目的。

但不得不承认，海外并购是一种高风险、高难度的外延扩张方式，其实早在 2001 年华立就开启了民营企业收购跨国公司拟出售资产的"先河"。当时华立为了进军移动通信产业，一举收购了飞利浦半导体公司在美国硅谷的 CDMA 手机基带芯片及整体解决方案设计部门，并在美国成立了"华立通信"，同时还收购了一家在纳斯达克上市的公司，当时美国和国内的许多主流媒体都报道了此事。所以华立体验过在发达国家收购整合高科技企业的百般滋味。

客观上讲，在行业情况不好时，去发达国家收购企业并不难，因为在高度市场化国家，当行业情况好的时候"买、买、买"，情况不好的时候"卖、卖、卖"是一种再正常不过的市场行为，而且也可以捡到一些非常便宜的"标的"，然而去海外并购并非仅仅是一个财务问题或者产业整合问题，最大的问题是中国企业本来国际化程度就不高，文化的包容性也没有自己想象那么强，收购后想要整合好，难度非常大，遇到的困难和摩擦可能远超你当初的预判。当然，如果你收购的目的只是为了当一个财务性股东那又另当别论，但另外一个问题来了，世界上从来都只有买错而没有卖错，只要是很赚钱的生意谁会卖？凭什么人家觉得想卖的资产你买来后仅仅做个股东就会比原来更赚钱？

随着中国制造业这些年在核心技术研发、制造水平和管理水平上的快速提升，大部分中国制造业不会去选择高难度、高风险的跨国并购来进行全球化布局（客观地讲，具备这种实力和能力的中国企业也并不多），尤其是在中国有明显优势的产业上也已经没有必要。比较多的中国制造业企业会选择在自己最具有优势的行业和产品上，通过"销地产"来进一步提升国际竞争力，并逐步完成全球化的布局，所以华立从过去"偶然"变成现在的"顺势而为"，所打造的境外中国工业园将会成为许多中国制造业"走出去"布局的优先选择。虽然在国内中国企业以擅长"窝里斗"而著名，但到了国外大家更会体会到"抱团"的必要性和重要性。而且根据华立自身过去"走出去"的经验教训，中国制造业在自己擅长的行业及产品上，也没有必要与当地人合资经营，独资经营是最佳的选择。

 本节启发思考题

1. 中国制造业出海择址应该考虑哪些因素？

2. 企业国际化过程中会发生怎样的摩擦和冲突？

3. 如何提高企业的文化包容性？

4. 企业扩张过程中应该考虑哪些因素？

5. "一带一路"给中国企业带来的机遇和挑战有哪些？

6. "人工智能""万物互联"等创新技术对企业国际化有什么影响？

7. 在进行区域开发时会产生哪些问题？

8. 如何平衡在区域开发中产生的问题？

第二节　联化科技股份有限公司案例分析

 公司简介

　　联化科技有限公司（以下简称联化科技）致力于服务全球农药、医药、功能化学品以及设备与工程技术等领域，是一家领先的化学和技术解决方案提供商。公司主营业务分为农药、医药和功能化学品三大板块，分别从事农药原料药、医药原料药以及精细化学品、功能化学品及中间体的生产、销售以及为国际名药企业提供定制生产、研发及技术服务。目前公司已与全球前五名的农药巨头建立了长期稳定的合作关系，合作程度不断深入，在核心大客户的全球供应体系中占据了重要位置，成为各大农药厂商专利期内或新上市的农药产品的首选合作伙伴。经过多年努力，公司与国际上的几大医药巨头建立了战略合作关系，是国内少数几家具有竞争力的医药 CDMO 服务的供应商之一，目前公司的医药定制加工业务正在逐步拓展以及不断突破当中。公司经过多年的发展，在研发、工程设计建设、工艺优化、现场管控、安全管理等方面具有综合竞争优势。公司具有独特的运转模式，实施大客户战略，立足核心客户资源，定制生产和自产自销有效互补，双轮驱动公司业务快速发展。在 2017 年，联化科技以 1.45 亿美元收购 Project Bond Holdco Limited（英国邦德）100% 股权，这是台州有史以来境外投资和并购的最大项目，标志着台州医化产业进入了整合全球人才科技资源的新时代。

 案例梗概

1. 联化科技引入世界 500 强高管温安特，重新构建组织架构为并购打好重要基础。

2. 探索可持续发展道路，做好充分上市准备，在深圳证券交易所成功上市。

3. 对标的企业经营状况、财务指标进行了详细的调查，完成股权交割，股东变更等并购手续。

4. 与全球领先的制药公司之间的 GMP 合作持续深入，研究开发新产品，开拓新市场。

5. 带领抗流感和抗丙肝类药物研发创新团队，获浙江省领军型创新创业团队。

6. 立足全球范围思考，收购英国邦德公司，整合资源，打造国际知名企业。

7. 主营业务逐渐从国内转向了国外市场，销售毛利也逐渐偏向国外市场。

关键词：引进人才；成功上市；并购企业；研发新产品；研发创新

 案例全文

一、联化国际化背景

联化科技初期也经历了管理不善、效率低效等问题，在市场上无法准确地对其进行定位。在不断"摸石头过河"的尝试中，联化科技采用了市场国际化的模式打入国际市场。"我们的战略目标是非常明确的，我们想做全球在这个行业细分领域中的领导者，我们首先就应该立足全球范围去思考，如何整合全球的资源。"联化科技总裁王萍说。而国际化这条路并不是所有企业通向成功的万能钥匙。联化科技迈向国际站稳脚跟不仅仅是其"野心"之大。

中国是全球精细与功能化学品行业主要原料供应基地，全球精细与功能化学品市场年增长率大概是 4.7%，而中国的增长率将近 10%。联化科技占有丰富的资源优势，市场的不饱和性增加了联化科技进行国际企业合作的可能性。同时联化科技在发展的过程当中，意识到中国的质量管控体系等与欧美客户所要求的还有差距，许多国际医药巨头还没有与中国企业建立起高度的信任关系。目前中国医药中间体企业的规模都不大，很难做到客户的主供应商，都是处于生产制造的地位，行业地位较低。而国际化可以为其吸引全球高端人才，从而更进一步贴近客户，以获得更大的市场，创造并获取更大的价值，因此联化科技在 2015 年专门成立了并购部门负责公司日后的收购兼并与项目投资等相关事务。

二、联化国际化实践

（一）引进人才，重新布局

早在 2015 年，联化科技就引入世界 500 强高管温安特，重新构建组织架构为并购打好重要基础。温安特曾就职于勃林格殷格翰等世界 500 强公司，拥有 20 多年跨国公司管理经验，是国内药企界紧缺的高层次人才，于 2015 年加入联化科技并入选国家"千人计划"。同时联化科技组织架构迎合国外的结构，设置了农药事业部、医药事业部以及功能化学品事业部三个部门，并设置欧洲联络处和新加坡子公司以及国内六大生产基地，分别分布在平原、上海、台州、荆州、阜新、盐城。

（二）探索可持续发展之路，迎接上市

在决定走国际化道路时，联化科技便开始探索更加可持续的发展之路，在 2006 年 12 月，联化科技选择上市，但结果不尽如人意。随后，王萍带领团队做了更充分的准备，最终在 2008 年 6 月首次在深圳证券交易所发行股票。

（三）趁热打铁，收购英国邦德公司

英国邦德公司成立于 2013 年 10 月 4 日，主要从事农药和医药中间体、活性成分、原料药、特殊化学品定制加工服务。目前，该公司拥有 Project Bond Bidco Limited、Fine Industries Limited 等 7 家子公司。Project Bond Holdco Limited 的主要资产为其子公司 Fine Industries Limited。该子公司生产基地位于英国米德尔斯堡希尔桑德斯，是欧洲一家先进的研发和生产定制加工商，主要为农药、医药和功能化学品客户提供复杂的中间体和活性成分的研发、生产以及广泛的解决方案。

2015~2016 年，联化科技对标的公司进行考察筛选，从中他们发现 Project Bond Holdco Limited 和联化科技主营业务有互补之处，其下的子公司 Fine Industries Limited 主要优势在于产品生命周期导入期以及导入期以前的产品研发、生产和销售，而联化科技的优势主要在于产品生命周期导入期、成长期和成熟期的产品生产、研发和销售，双方的合作可以帮助联化通过产品、技术、市场和供应链等优势资源的共享整合，更好地进行研发创新，在化学品、医药等领域获得更大的发展空间。2016 年 9 月，联化科技对标的企业 Project Bond Holdco Limited 以及其子公司 Fine Industries Limited 的经营状况、财务指标进行了详细的调查。在 2017 年 2 月董事会才决议拟收购计划，5 月完成股权交割、股东变更等手续。

联化科技国际化经营旨在加强其在全球农化医药开发定制市场以及功能

化学品市场与国际客户的紧密对接与合作，为公司开拓新的利润增长点，同时为公司在农化医药开发定制市场以及功能化学品领域全方位参与国际化竞争奠定坚实基础。2017年，联化科技完成对英国邦德公司的并购工作，为实施国际化发展战略迈出了重要的一步，推进了公司农化医药开发定制业务以及功能化学品业务国际化战略步伐（见图3-1）。

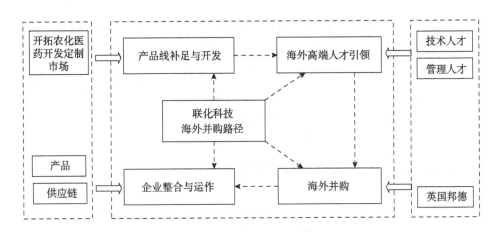

图 3-1　联化科技国际化发展路径

三、联化科技国际化经营情况

（一）农药、功能化学品、医药均保持高增长模式

自收购 Project Bond Holdco Limited 后，对于不同生命周期的产品，联化科技采取的是不同的市场策略，目标是与客户达成长期合作的状态，来帮助客户获得更大的市场份额，从而获得稳定的利润水平。分产品看，2017年农药、功能化学品、医药营业收入都保持高增长模式，但在2018年农化业因江苏联化和盐城联化两家子公司停产，增长速度减缓。但联化同年参与的全球优秀农药公司新型高效低毒农药的开发中，为后续农药行业盈利能力和持续高速发展提供了保障。与全球领先的制药公司之间的药品生产质量管理规范（GMP）合作持续深入，与多个有 GMP 要求的高级中间体的国际企业合作，已进入开发阶段。

（二）主营业务逐步转向境外市场

从 2017 年起，公司 75% 以上业务在境外市场，财务指标中毛利率也略高于境内市场，公司主营业务逐渐从国内转向了国外市场。

（三）研发投入增大，研发实力增强

从研发投入规模看，2017 年联化科技的研发投入为 1.99 亿元，同比 2016 年增长 24.10%，研发实力较强，投入增加，研发人员数量有所下降。研发产出情况：截至 2017 年底，公司获国内发明专利 49 项，实用新型专利 29 项，还拥有欧洲发明专利 3 项、美国发明专利 3 项；其中 2017 年公司新获批的专利 5 个，目前公司正在申请的发明专利 36 个。

四、联化科技国际化的核心逻辑

联化科技深耕国际市场，加快引进国际高端人才，用海外高层次人才助推企业转型升级，提高自主创新能力，加快企业发展壮大和国际化进程。目前，联化科技已经引进国家"千人计划"专家 1 人，省"千人计划"专家 5 人，省"151 人才"5 人，市"拔尖人才"5 人，市"500 精英计划"5 人，市"211 人才"14 人，高端人才引用领域主要在市场、技术、战略、管理等方面。

2015 年，公司在原来单纯引进全球核心技术人员的基础上，引进几位国际行业的高级资深管理人才，参与到日常的管理经验，如公司现任总裁温安特和董事乔治。温安特曾就职于勃林格殷格翰等世界 500 强公司，拥有 20 多年跨国公司管理实战经验，是国内药企界紧缺的高层次人才；乔治曾在壳牌化学公司和杜邦公司等世界 500 强跨国公司就职，有超过 35 年丰富的企业运营管理工作经验，是熟悉研发、运营和供应链等多个环节的复合型领军人才。在过去的几年里，针对战略、运营、研发等领域，温安特按照国际化模式对联华科技进行引导。由他带领的抗流感和抗丙肝类药物研发创新团队，被确定为浙江省领军型创新创业团队。

对 Project Bond Holdco Limited 的收购工作正是在温安特的带领下圆满完成的。联化科技通过引进国际高端人才，使企业在技术、创新、管理等方面与国际接轨，提高国际竞争力。

资料来源：洪雨成：《联化科技：做全球领先的化学与技术解决方案提供商》，《台州日报》2017年9月17日，第2版；洪雨成：《企业全球化始于人才全球化》，《台州日报》2017年11月10日，第2版；联化科技集团官网以及年报整理而得。

 经验借鉴

联化科技作为台州最早成立的民营企业之一，其发展过程坎坷，但也造就了一段传奇。联化科技通过引进人才，不断加大科技研发力度，调整产业结构等，成了一家领先的化学和技术解决方案提供商。简单来说，联化科技国际化发展的主要经验有：①高端人才助推企业转型，联化科技引入外籍高管，重新构建组织架构为并购打好重要基础，用海外高层次人才助推企业转型升级，这些外籍高管的国际化视野、跨国企业运营经验、高度的职业化和敬业精神在战略制定、人才培养及体系制度建设、国际化战略方面的实施发挥了重要作用，既提高自主创新能力，又加快企业发展壮大和国际化进程。②收购海外企业，加快企业国际化步伐，联化科技在确定全球化战略后，用一年不到的时间收购了英国邦德公司，进一步提升了其国际化程度，为开创国际化道路发展新局面。③合理安排国内外交货时间，促进产品高质量输出。由于多功能车间生产不同的产品时需要一定的产品切换时间，因此联化科技一般在年初根据公司全年订单的预计情况，合理安排生产计划，尽量减少多功能车间的产品切换频率，根据客户要求的交付时间进行产品交付。④与海外企业紧密合作，公司作为一家贯穿产品整个生命周期的创新型一体化服务及技术解决方案供应商，通过多年来与客户紧密合作积累的信任，在客户合并后整合新供应商的过程中仍有较强竞争力。经过进一步拓宽和深化合作的方式，联化科技的创新能力也得到了不断提升，研发创新工作不断提升、储备产品不断丰富，新的业务增长点也不断被挖掘；获取的订单也从单一产品逐步转变为产品包，并积极参与跟进核心客户新产品的研发生产过程。⑤独特的运营模式驱动企业快速发展，联化科技实行大客户战略，立足核心客户资源，以客户为导向，不断深化定制生产和自产自销相结合的经营模式，满足和引导客户需求，驱动公司业务快速发展，在自产自销方面，公司充分发挥技术优势，不断开发先进的系列化自主产品，扩大销售规模。自产自销业务的开展有利于拓宽营销渠道，扩大营销网络，进一步积累优质客户，丰富公司的核心客户资源，同时通过自产自销业务可以及时掌握市场信息，进一步促进定制生产业务的发展。⑥广泛的技术应用能力，联化科技生产的精细化工产品主要是使用基础化工原料，通过复杂化学反应与控制路径，生产出不同类型的精细化工产品，用于农药、医药和功能化学品三大高端精细化学品领域。联化建立了必要的 cGMP（动态药品生产管理规范）与创新／技术能力，公司江口工厂通过了 FDA 审计和 EMA 审计，英国工厂通过了 FDA 审计，有能力为客户提供开发和制造一站式服务，公司定位于做客户可靠的、有成本竞争力的、提供 cGMP 生产服务的合作对象。2017 年联化科技被国家安全监管总局评为安全生产标准化一级企业。

 本节启发思考题

1. 医药行业国际化特点有哪些？

2. 国内医药行业"走出去"面临的问题有哪些？

3. 海外人才的引进有哪些方式？

4. 医药企业国际化模式一般是如何的？

5. 世界各国对医药行业的标准有何不同，有哪些认证门槛？

6. 国内对医药行业的政策变动给相关企业带来了哪些变化，医药行业国际化前景如何？

第三节　浙江华海药业股份有限公司案例分析

 公司简介

　　浙江华海药业股份有限公司（以下简称华海药业）创立于1989年，其前身为临海市汛桥合成化工厂，2001年1月整体变更设立为浙江华海药业股份有限公司，2003年3月，公司股票在上海证券交易所成功上市，是一家主营医药制剂、原料药及中间体的高新技术企业，作为中国医药行业"国际化先导企业"、高新技术企业和省政府确认的"五个一批"重点企业，华海药业实现多个零的突破，成为全球最大的心血管类药物制造商之一，享有"普利专家""沙坦王子"的美誉，是全国首家荣获"国家环境友好企业"称号的医药企业。公司总资产达17亿元，现有员工6800多人，在全球拥有40多家分公司、子公司（坐落于美国、日本、德国、俄罗斯、西班牙、印度等国家），与全球500多家制药企业建立了长期合作关系，也为近200个国家和地区提供医疗健康产品。公司产品主要涵盖心血管、精神类、抗病毒、抗组胺等领域，是全球主要的心血管、精神类健康医疗产品制造商。公司十分重视质量、安全和环保问题，目前公司所有产品均已通过国内GMP认证，制剂产品通过美国FDA认证并自主拥有简略新药申请（ANDA）文号的制药公司，也是首家在美国实现规模化制剂销售的中国制药公司，在世界高端制药市场树立了中国制药品质形象。

 案例梗概

1. 华海药业通过美国食品药品监督管理局（FDA）认证，进军美国市场。
2. 引进了全球最先进的德国生产线，建成了第一条固定制剂生产线。
3. 在上海证券交易所成功上市，同年公布制定国际化战略目标。
4. 与Eutilex Co. 及相关方签署投资协议，公司通过货币出资的形式认购Eutilex新发行股份，获Eutilex公司18.75%的股权，成为Eutilex的第二大股东。
5. 与寿光富康、普洛康裕签订战略合作框架协议，与天士力制药、天津医药集团签订为期十年的制剂出口战略合作框架协议，加快了企业的新药物的研发。

6. 拥有 61 个美国 ANDA 文号，在制剂国际化领域走在国内行业的前列。

7. 将自身最擅长领域衍生的制剂产品——氯沙坦钾摆上美国最大连锁药店沃尔格林的货架。

关键词：协议投资；产品研发；国际化战略；并购；精细制造

 案例全文

一、华海药业国际化背景

国外医药行业的进入壁垒较高，潜在进入者威胁小国外市场医药行业的犯错成本较高，使许多国内医药行业出口以及设立国外子公司的难度加大，华海药业通过多项国内外产品认证以及质量保证，进军国外市场，其潜在的进入者威胁减少，也有利于企业提高国内外影响力，更好达成战略目标。

销售渠道扩充，促进企业转型。华海药业刚开始主要生产制造的是普利和沙坦类原料药，而后华海制定了进军制剂国际市场，完成产业转型的战略目标，美国市场则代表了该行业的最高标准，同时华海药业在美国市场已拥有上游原料药，占有一定的成本优势，但是缺少固定的下游经销商，议价能力较弱，并购国外企业能帮助企业扩充销售渠道，扩大生产性投资，分散风险，打开国外市场，紧跟市场需求，从而提高华海的盈利水平。

消除国外对国内产品的刻板印象。早期国外对国内的产品印象较差，如玩具、皮鞋等产品都曾因质量问题遭受国外市场拒收，医药行业由于关系到人类的生命健康等问题，进入国外市场势必会遇到产品技术、质量、安全等种种考验，为消除国外企业对国内产品的固有偏见，华海药业走出国内市场增添了一定的使命感和信念感。

二、华海药业国际化实践

华海药业采用的是贸易式、投资式和契约式相结合的国际化进入形式。

华海药业最早采用的是出口的方式，将原料药销往海外，秉持"品质+创新"的核心理念，企业多次与美国、德国等国际企业进行战略合作，并收购国外本土企业，以加快产业升级步伐，构建原料药和制剂两大产业链、两大研发体系和两大销售体系，从而进一步推进和深化国际化发展战略，全面融入国际制药产业链，开发研究产品，创建华海药业品牌。

（一）放宽眼界，进军美国市场

2014年前，华海药业主要生产销售的是原料药，销往了全球各地。1998年，作为主营普利类和沙坦类的原料药先行者，华海大部分生产的原料药都销往国外，2002年，华海引进了全球最先进的德国生产线，建成了第一条固定制剂生产线，为产业转型做制剂产业埋下了伏笔。2004年，华海药业把目光投向了全球制药行业最难攀登的山峰——美国市场，并在美国新泽西州成立华海（美国）国际有限公司。

（二）获得美国医药行业入场券

要想打入国际市场，通过美国食品药品监督管理局（FDA）认证是进军美国市场的第一步，更是产品品质的保证。华海药业在此下了苦功夫，经过3年准备，2007年6月25日，华海药业如愿收到了美国FDA官方函件，并以"零缺陷"通过认证，确认抗艾滋病药奈韦拉平制剂产品及生产线的合法生产。

美国ANDA批文是中国制药进军国际医药行业市场的筹码，也体现了企业产品质量水平。华海药业自2007年起，几乎每年都有相应的品种在美国获批，并且处于每年增加的状态，在国际市场打响了自己的品牌。作为国内首家通过FDA认证也是获得最多认证的制剂企业，批文的认证体现了华海药业质量的保证以及优越的市场能力。目前，华海药业已拥有48个制剂产品的ANDA文号。

（三）进一步扩大美国市场，全方位提升整体实力

华海刚开始主要生产制造的是普利和沙坦类原料药，而后华海制定了进军制剂国际市场，完成产业转型的战略目标。美国市场代表了制剂行业的最高标准，而华海在美国市场已拥有上游原料药，占有一定的成本优势，但是缺少固定的下游经销商，议价能力较弱。华海国际化经营战略旨在扩充销售

渠道,打开国外市场,紧跟市场需求,从而提高华海的盈利水平。

2011 年开始,华海进一步扩大销售市场,与美国最大的零售药店商之一沃尔格林合作,供应氯沙坦钾产品,此后华海代工生产的规模不断增加,销售收入稳步上升,而后公司自建销售团队,将自身最擅长领域衍生的制剂产品——氯沙坦钾摆上美国最大连锁药店沃尔格林的货架,并通过收购美国本土流通公司 Solco Healthcare 实现销售团队的本土化。在与国外企业多次合作后,华海得到了充分的信任,将单纯与国际客户的贸易关系转变为了战略合作伙伴,其生产的产品在美国医药连锁店大力销售。通过国内外企业合作、收购本土企业、建立战略合作关系等多样化的营销模式,华海药业迅速地占领了美国市场,抢占了医药市场的制高点。

在美国市场站稳脚跟后,企业并没有停止技术创新、市场开发的脚步,在 2013 年后,华海药业组织了集团化的组织管理优化项目,加速了“二次转型升级”的发展步伐。2013 年,注明华海药业制造的抗癫痫产品拉莫三嗪控释片在美国市场获批上市,年利润达 1.5 亿元;而后华海药业还与美国生物制药企业 Oncobiologics 签署生物医药战略合作协议,获其 4 个单抗药物在华销售许可,并共同开发重磅“炸弹级”单抗生物药,引领生物制药领域发展。在研发与出口领域,华海药业与军事医学科学院毒物药物研究所签署《中枢神经系统药物军地协同创新战略合作协议》和《国家化学药品 1.1 类新药合作协议》。2014 年与天士力制药、天津医药集团签订为期十年的制剂出口战略合作框架协议,加快了企业的新药物的研发,增加了制剂药品的出口渠道。2015 年与寿光富康、普洛康裕签订战略合作框架协议,针对化学原料药的制剂产品在美国市场展开全面合作。到 2017 年,华海药业在临海国际医药小镇建立华海科技制药科技产业园,布局医药行业六大板块及配套设备,接轨国际高端市场;同年,华海药业在韩国设立优廷莱斯来扩大国际投资份额;出资 3000 万元认购韩国生物科技公司 Eutilex18.75% 股权。2018 年,华海药业继续扩大国外市场,分别在开曼群岛设立盟科医药技术有限公司以及收购艾威医药有限公司,6 月 8 日,收购美国的艾威医药有限公司;9 月 1 日,公司与 Eutilex Co.,Ltd,(Eutilex)及相关方签署投资协议,公司通过货币出资的形式认购 Eutilex 新发行股份,投资金额 3000 万美元,获 Eutilex 公司 18.75% 的股权,成为 Eutilex 的第二大股东。

未来华海药业将进一步落实制剂全球化战略(见图 3-2),完善生产、销售、研发体系，推动原料药与制剂两大产业链的精耕细作，打造国内一流、国际知名的跨国大品牌制药企业。

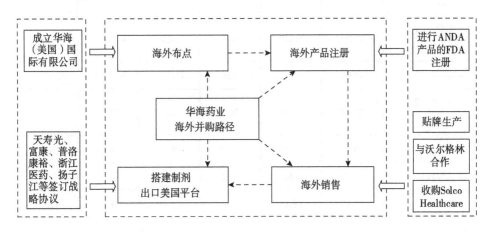

图 3-2　华海药业国际化发展路径

三、华海药业步入国际化经营财务变化情况

（一）营业收入稳定性较好

如表 3-1 所示，华海药业 2017 年实现营业收入 50.02 亿元，同比增长 22.21%，其中出口国外的占比 60.8%，达 30.3 亿元，实现归属于上市公司股东的净利润 6.39 亿元，同比增长 27.64%。其中华海（美国）控股子公司普霖强生药业有限公司亏损同比大幅减少，华海在美国的子公司已逐渐转亏为盈；优廷莱斯有限责任公司实现贸易额 153.5 亿美元，同比增长 19.3%。2014 年利润同比下降主要是原料药受环保法规政治的影响。销售毛利率近几年稳定在 40%~50%，并且逐年增加，主要与销售重点向下游转移有关。销售净利率 11%~15% 也在逐年增长，主要是由下游的销售费用降低所导致。存货周转率在 1.5%~1.9%，相对稳定。

表 3-1　华海药业主要经济指标

指标＼年份	2012	2013	2014	2015	2016	2017
营业总收入（万元）	201439.1	229640.8	258498.87	350036.2	409285.3	500200.3
净利润（万元）	34112.3	35916.8	26550.1	44247.2	50083.10	63924.7
净利润同比增长率（%）	57.27	5.29	−26.08	66.66	13.19	27.64
销售毛利率（%）	40.27	43.86	44.68	49.22	49.85	55.96
存货周转率（%）	1.69	1.61	1.82	1.91	1.71	1.51
销售净利率（%）	16.80	15.83	9.93	12.48	11.16	12.47

（二）期间费用大幅提高

华海药业 2017 年销售费用达 904649652.81 元，比 2016 年同期数增长 47.17%，主要是华海药业本期加大对制剂产品的市场推广力度，导致市场推广服务费等大幅增加；管理费用达 999942178.32 元，比 2016 年同期增加了 16.34%，一部分是华海药业扩充了销售团队增加了工资费用，另一部分是华海药业增加了研发投入；财务费用本期数为 110331207.49 元，比 2016 年同期数增长 1474.71%（见表 3-2），主要是本期美元汇率大幅下降，公司本期汇兑损失大幅增加影响所致。

表 3-2　华海药业期间费用情况

项目	2017 年	2016 年同期	增减百分比（%）
销售费用（元）	904649652.81	614717760.98	47.17
管理费用（元）	999942178.32	859527140.44	16.34
财务费用（元）	110331207.49	−8025761.28	1474.71

（三）成品药销售、境外销售占主导地位

2017 年原材料及中间体毛利率 44.7%，营业收入占比 43.01%，同比增长 13.88%；成品药毛利率 66.78%，营业收入占比 52.99%，同比增长 34.40%。成品药营业收入同比增长 34.40%，主要是国内的制剂药品生产投入大，提升了流转效率，提升了销售收入以及销往国外制剂销量稳步增长；毛利率同比增长 10.13%，主要是产品分摊的间接费用减少，下游产业投入加大；投入国外企业的营业收入达 3030089.09 元，占总收入的 60.82%，未来预计企业将继续拓展国外市场。

表 3-3　华海药业营业收入的主要行业、产品及地区

		营业收入（万元）	营业成本（万元）	毛利率（%）	营业收入比上年增减（%）	营业成本比上年增减（%）	毛利率比上年增减（%）
分行业	原材料及中间体销售	2143476.90	1184720.00	44.73	13.88	18.57	-2.19
	成品药销售	2639658.20	876841.30	66.78	34.40	2.99	10.13
	技术服务	48072.56	—	100	212.79	—	—
	进出口贸易	150244.05	138863.44	7.57	-31.47	-30.01	-1.94
	其他	256.21	92.74	63.8	1953.15	2004.15	-0.88
	合计	4981707.91	2200517.48	55.83	22.07	7.39	6.04
分产品	普利类	415157.12	226162.99	45.52	13.41	3.82	5.03
	沙坦类	939362.06	499065.96	46.87	5.9	6.96	-0.53
	制剂	2639658.20	876841.30	66.78	34.4	2.99	10.13
	合计	3994177.38	1602070.25	59.89	24.15	4.31	7.63
分地区	国内	1951618.82	414635.22	78.75	48.08	-1.67	10.75
	国外	3030089.09	1785882.26	41.06	9.67	9.74	-0.04
	合计	4981707.91	2200517.48	55.83	22.07	7.39	6.04

（四）研发投入逐年提升

如表 3-4 所示，2017 年公司研发支出 43823.77 万元，同比增长 20.38%，占当年营业收入的 8.76%，主要原因是华海药业加大了国内新产品的申报及仿制药一致性评价申报的力度，加大了生物药、新药、首仿药、创新药制剂等的研发投入，加快美国、欧盟等市场新产品、新剂型的申报等所致。2018 年销售费用暴涨，也能体现华海药业加大研发投入的决心。

表 3-4　华海药业研发投入情况

	2017 年	2016 年	变动比例（%）
费用化研发投入（元）	348268811.93	339396243.17	2.61
资本化研发投入（元）	89968926.55	24652394.55	264.95
研发投入合计（元）	438237738.48	364048637.72	20.38
研发投入总额占营业收入比例（%）	8.76	8.89	-1.46
公司研发人员的数量（人）	1308	1072.00	22.01
研发人员数量占公司总人数的比例（%）	21.57	20.32	6.15
研发投入资本化的比重（%）	20.53	6.77	203.25

（五）汇率变动大，现金流量有所减少

如表 3-5 所示，华海药业 2017 年投资活动产生的现金流量净额本期数比 2016 年同期数下降 60.62%，主要是本期对 Eutilex Co.，Ltd、丹阳海盛股权投资中心（有限合伙）等公司进行投资；以及子公司普霖斯通药业有限公司收购了 Generics Bidco Ⅱ，LLC；筹资活动产生的现金流量净额本期数比 2016 年同期数增长 36.14%，主要是因为本期流动资金需求增加而向银行借款增加；汇率变动对现金及现金等价物的影响本期数比 2016 年同期数下降 182.69%，主要系受外币美元汇率大幅下降影响所致。

表 3-5　华海药业 2017 年现金流

项目	本期（元）	上年同期（元）	增减百分比（%）
经营活动产生的现金流量净额	546240885.72	433099734.61	26.12
投资活动产生的现金流量净额	−1135068851.68	−706696110.41	−60.62
筹资活动产生的现金流量净额	556573697.96	408815445.43	36.14
汇率变动对现金及现金等价物的影响	−41886123.16	50656242.64	−182.69

四、华海药业国际化核心逻辑

（一）确定战略目标，开展战略合作

秉持"品质＋创新"的核心理念，企业多次与美国、德国等国际企业进行战略合作，并收购国外本土企业，以加快产业升级步伐，构建原料药和制剂两大产业链、两大研发体系和两大销售体系，从而进一步推进和深化国际化发展战略，全面融入国际制药产业链，开发研究产品，创建华海品牌。

（二）高速研发，快速布局

要将产品成功打入欧美高端市场，首先就必须实现与欧美国际标准的接轨。只有产品达到与原研药同等的疗效和质量，才可能被欧美市场所认同和接受。因此，华海药业构建和完善了以美国研发为先导、上海研发为核心、临海研发为生产支持的"三位一体"创新体系，三地研发资源实现了优势互补和良性互动。通过各地研发资源和信息的共享与整合，华海研究院逐渐形成了集自主专利技术研究、创新药物开发、准新药研制、新剂型研发和生物药创新为一体的研发体系。

由于欧美认证的制剂在国内申报，享受优先评审的政策优惠，因此，华海药业作为中国药企拓展国际市场的先驱，在一致性评价的布局上存在先天优势。

（三）多样营销模式，占据市场高地

通常来说，进入美国市场有两种形式：其一，成为代工厂，凭借成本优势换取代理商在渠道上的布局；其二，自建销售团队，直接面对药品批发企业、零售药店和负责药品价格谈判的 PBM（药品福利管理机构），靠品牌和产品线争取更大的利润空间。华海药业的做法是双管齐下，2010 年前后，华海药业扩大了代工生产的规模，与默沙东等跨国巨头的合作给公司带来了更加丰厚的收入。之后不久，公司自建的销售团队将自身最擅长领域衍生的制剂产品——氯沙坦钾摆上美国最大连锁药店沃尔格林的货架，并通过收购了美国本土流通公司 Solco Healthcare 实现销售团队的本土化。

（四）推进人才战略，保障国际化进程

华海药业秉承"唯才是用、用人所长"的用人理念，大力实施"人才规划、人才引进、人才培养、人才使用"的发展战略，通过放眼全球引进高精尖人才，立足高校院所引进后备人才，用先进的发展理念聚集优秀人才，形成了满足华海药业可持续发展的人才梯队。一是以筑巢引凤为理念，不断加大科研机构建设，激发人才创新研究活力。二是以安居、安心、孝心等工程为媒介，投入上亿元，分别在厂区、临海市区建立 1000 多套公寓式住房；同时积极协助解决员工配偶就业及子女入学等难题。三是开展落实股权激励政策，对中高层人才进行股权配置，提升人才创业激情。

资料来源：马滨生：《华海药业：领航中国医药国际化》，《台州日报》2018年3月4日。陈保华：《让世界医药感受中国力量，让华海成为民族制药国际化的典范》，《浙江工业大学校报》第1084期，集团官网以及年报整理而得。

 经验借鉴

华海药业从上市以来，一直坚持走制剂国际化之路。从华海药业获得第一个制剂 ANDA 文号开始，制剂产品线不断丰富，此后华海药业不断稳扎稳打，简单来说，华海药业国际化发展的主要经验有：①确定战略目标，开展战略合作，华海药业在秉承着"品质和创新"的战略理念下，与多国国际企业进行战略合作以及收购国外本土企业，进一步推进和深化国际化发展战略，全面融入国际制药产业链。②高速研发，快速布局。华海药业构建了以

美国研发为先导、上海研发为核心、临海研发为生产支持的"三位一体"创新体系，三地研发资源实现了优势互补和良性互动。2018 年新投入使用的制剂分析中心是公司产品质量控制部门，拥有专业技术人员 180 多名，配备各类国际尖端检测仪器 100 多种，可以完成从原辅料，到制成品、微生物以及分析方法开发与验证的产品全生产环节检测。③多样营销模式，占据市场高地。华海药业凭借成本优势代理商在渠道上的布局并自建销售团队，直接面对药品批发企业、零售药店和负责药品价格谈判的 PBM（药品福利管理机构），靠品牌和产品线争取更大的利润空间。并通过收购了美国本土流通公司 Solco Healthcare 实现销售团队的本土化。④推进人才战略，保障国际化进程。华海以筑巢引凤为理念，不断加大科研机构建设，激发人才创新研究活力；以安居、安心、孝心等工程为媒介，投入上亿元，分别在厂区、临海市区建立1000 多套公寓式住房；积极协助解决员工配偶就业及子女入学等难题；开展落实股权激励政策，对中高层人才进行股权配置，提升人才创业激情。⑤与国际接轨，打入欧美市场。华海药业构建并完善了以美国研发为先导、上海研发为核心、临海研发为生产支持的"三位一体"创新体系。与此同时，华海药业致力于缓控释剂以及长效注射剂等关键技术攻关，采用国际顶尖新技术，不断优化创新条件，全面提升研发水平、装备水平等，只有产品达到与原研药同等的疗效和质量，才可能被欧美市场所认同和接受。⑥引进高端人才，提升核心竞争力。华海药业以美国公司为基础，招募了一批具有国际化视野的研发人才，随后在公司总部、上海张江高科技园区以及美国三地，分别打造了制剂研发平台。在与全球十大医药巨头建立了合作关系的同时，与军科院毒物药物研究所、中科院上海有机所、浙江大学、中国药科大学等知名院所和高校加强了合作和交流。通过研发资源的良好互动，华海药业实现了人力资源的灵活流动，建立了人才梯队管理模式，为华海药业积极推进三地（美国、欧洲和中国）研发资源整合、提升研发效率、加快国内外注册申报打下了良好基础。

本节启发思考题

1. 企业在确定自身战略目标时应该考虑哪些因素？

2. 企业在国际过程中实现本土化的方式有哪些？

3. 如何提升企业创新能力?

4. 企业国际化过程中适用哪些营销模式?

5. 如何提升企业在国际化过程中的供应链管理?

6. 跨国药企应该挑选怎样的供应商?

7. 药品制造企业应该创建怎样的企业文化?

8. 企业外国设厂时应该考虑哪些因素?

第四节 浙江济民制药股份有限公司案例分析

 公司简介

浙江济民制药股份有限公司（以下简称济民制药）创立于 1996 年，是浙江省医药行业重点骨干企业，是国家高新技术企业。公司主营业务包括健康管理咨询，健康信息咨询，生物技术、医疗技术的技术开发、技术服务，实业投资，医院管理，生产销售大容量注射剂、冲洗剂（凭许可证经营），生产销售药品包装材料和容器，生产销售医疗器械，技术进出口和货物进出口，致力于向广大患者提供国际一流的医疗产品和医疗服务。公司是国内最大的软包装输液生产基地之一，与美国医疗器械巨头及国内多个高等院校、科研机构建立了长期、稳定的战略合作关系，拥有 60 多项国家专利，15 项药包材注册证书。截至 2017 年，公司下设有台州、上海、西班牙三大生产基地，拥有海南博鳌国际医院等 12 家全资或控股子公司，公司大输液已销往40 多个国家，子公司聚民生物与 RTI 签订合作协议，协议期限为 10 年，子公司 LINEAR 拥有全球超过 90 个国家的销售渠道，七大产品线和两大核心产品。

公司主导的医疗产品及产业与国内外顶尖机构合作销往世界各地。主导产品"双管双阀非 PVC 软袋"大输液在华东、华南地区市场占有率达 30% 以上，国外销往东南亚、非洲、南美等 30 多个国家和地区。医疗器械产品拥有多项国家发明专利，制作工艺国内领先。其中主导产品针尖自动回缩安全自毁式注射器，是与美国医疗器械巨头 RTI 公司及联合国红十字会合作研发的；体外诊断试剂，由西班牙 LINEAR 公司生产，销往美国、欧盟等 10 多个国家和地区；综合医疗服务产业，由 17 家血液透析中心和 4 家综合性医院组成。其中一家综合性医院海南博鳌国际医院是济民联合美国微创研究所于 2018 年5 月 18 日创办的，医院以基因组医学和再生医学为核心，打造国际化的高端医疗服务。

案例梗概

1. 济民药业实施"跨国并购战略"，收购国外药企学习先进研发、管理经验。

2. 实施海外并购，完善"大健康"产业生态圈，提升公司管理水平。

3. 坚持"走出去，引进来"的战略目标，收购 LINEAR 公司以进入国际市场。

4. 与美国微创外科研究所（AIMIS）签署战略合作协议，资源互补共同提升。

5. 制定内生式增长、外延式扩张、整合式发展的策略方针，主攻大健康医疗圈，侧重于医疗器械和化学制药。

6. 利用资本市场平台加大对国内外优质标的并购力度，开拓医养结合，引进国外的养老经验。

关键词：国际化战略；跨国并购；扩张；"走出去"；人员素质

案例全文

一、济民制药国际化背景

在"限输、限抗、门诊限挂"的政策环境下，输液市场容量逐步萎缩，医保控费、招标政策变革使输液价格继续下行，公司输液业务发展面临较大压力。综合济民制药此前发布的 IPO 招股书及年报研究发现，近年来，济民制药大输液业务发展势头可谓一路下滑。2011~2017 年济民制药大输液收入分别为 4.49 亿元、4.76 亿元、4.56 亿元、3.86 亿元、3.45 亿元、3.2 亿元、3.17 亿元。从 2012 年起，济民制药主营业务收入逐年下降。其中 2017 年大输液收入已经较 2011 年下滑了近 30%。

在大输液行业不景气的情况下，济民制药方面直言，报告期内公司利润总额、扣除非经常性损益的净利润增长，主要是由于并购了国内两家致力于技术研发的医院，增强了高新技术药物研发的能力，同时也将其纳入了合并报表。初尝了"并购"带来的甜果，济民药业将目光投向海外，欲通过实施跨国并购，全面吸收、消化国外医药企业在生产技术、产品研发、销售渠道等方面的优势，促进企业裂变发展，向"全球研发、中国制造、全球销售"

的战略目标稳步推进。

2016 年,济民制药与 LINEAR 公司签订股权转让协议,以 558 万美元收购了西班牙 LINEAR 公司 100% 股权。

二、济民制药国际化实践

(一)收购 LINEAR 公司

LINEAR 公司是一家以开发、生产体外诊断产品及生物技术产品为主的西班牙药企,其主要经营的测试仪器 FOB 粪便潜血测试仪和幽门螺旋杆菌测试仪在国际上具有领先地位,并取得欧盟专利。目前,LINEAR 公司拥有 4 个注册商标品牌、1 个实用新型专利、1 个发明专利、1 个国际注册专利,产品销售覆盖全球 120 个国家和地区。

2015 年济民制药上市后,主要以"大健康"为产业生态圈,而此时医药行业增速放缓,济民制药在持续增长的同时也遇到了"瓶颈"。海外收购,既是济民制药"大健康"产业布局的需要,也是海外产业布局的需要。此时开展国际化经营,不仅能提升医疗产业服务能力,开拓国际市场,海外并购也能帮助企业从股权结构、团队融合、管理架构等方面不断改善,从而提升公司的管理能力,提高技术以及管理人员的专业水平。

济民制药坚持"走出去,引进来"作为企业的战略目标,有领先技术、健全法律的欧盟和北美等发达地区是济民制药开拓市场的首选,这些地区能够更好地保障并购企业的权益。西班牙作为济民制药进入国际化市场的第一站,曾多次专门赴西班牙考察市场,了解西班牙税务、劳务、汇款、合同等方面的知识以及应该注意的方面,并委托律师事务所对西班牙 LINEAR 公司的所有合同进行调查,所有的资产和负债进行会计审查,从法务、房地产、劳务、税务等方面进行了各方面的审核和调查,全面了解该公司的财务状况。在详尽的了解后,发现 LINEAR 公司具有强大的研发能力,但是在亚洲的销售拓展一直停滞不前,相比之下,济民制药在国内乃至东南亚一带都具有一定知名度,对其实行收购符合两家公司的共同利益。LINEAR 公司的两大核心产品 FOB 粪便潜血测试仪和幽门螺旋杆菌测试仪处于国际领先水平,并取得欧盟专利,通过收购 LINEAR 公司有助于济民制药在技术、品牌、市场等方面实现"弯道超车",并且济民制药也借此迅速进入欧盟、美国等高端市场,进而为公司的其他产品进入欧美市场获得先机。

于是在 2016 年济民制药以 558 万美元与西班牙 LINEAR 公司签订股权转让协议,收购该公司 100% 股权,近三年济民在并购上共耗资 6.40 亿元。收购 LINEAR 公司后,济民制药以该公司为平台,不断延长和补强产品线,根植自身优势,把原有的药品出口销售到 30 多个国家和地区,形成丰富的信息渠道和海外管理人才队伍,形成产品特色优势,济民制药也在国内注册 LINEAR 公司研发生产的体外诊断试剂,重点开拓东南亚市场,实现公司"全球研发、中国制造、全球销售"的战略目标。

(二)与美国微创外科研究所签署战略合作协议

美国微创外科研究所(AIMIS)创立于 2010 年,是一个多学科的,以病患为中心的全球医疗服务提供商,专注于微创手术及介入手术,旗下集合了世界最顶尖的美国和国际微创领域的医生,特别在神经外科、脊柱科与机器人手术领域拥有全球最好的医生与最先进的医疗设备。AIMIS 希望向其病患提供领域内最好的医疗服务。在 AIMIS,医患关系基于信任,治疗计划的每一步都以病患分享的信息为基准。"以病患为中心"是 AIMIS 的服务准则,认为只有确保病患获得最舒适的治疗体验才是健康服务业的准绳。该企业的宗旨是带领美国医生为全球各地区病患服务,推动全球大健康医疗产业发展。

2017 年 10 月 19 日,济民与 AIMIS 在海南博鳌国际医院正式签署战略合作协议。本次战略合作协议约定双方在医学、手术、临床标准以及科学研究、科学研究成果出版、咨询领域以及以充实人力资源为目的的培训和教育项目达成合作意向。双方通过合作,结合国内外医学技术,为中国的医学临床做出实质性贡献,双方合作的临床项目产生的学术成果将共同发表。此次合作,AIMIS 为济民带来了海外的医疗教育资源以及国际化的医疗模式,引进专业的国际医疗团队和尖端医疗器械,此外,本次合作还将在医院管理咨询、医院风险控制领域带来显著效果。双方还将以补充人力资源为目的,设计一系列教育培训项目,从而提升济民制药医疗产业服务能力。合作通过在外科与医药领域知识、经验与专业资源的对接与交换,帮助双方更好地提高医疗服务水平,增强双方在国际上的影响力。

美国微创外科研究所 CEO、董事会副主席 Marios Papadopoulos 特别提出,与济民制药的合作是针对国际人才孵化和实践基地，AIMIS 将提供海外高端的教育资源，搭建为济民制药旗下的医疗机构内的医生护士提供各类顶级医学培训项目平台。未来济民制药将通过这一平台，把旗下医学专家与尼科西亚医学院、伦敦大学圣乔治医学院和其他美国、欧盟和以色列大学教学资源结合起来，为旗下医院人员设计培训计划，切实提高人员素质以及医疗产业服务能力，增强济民在国际上的影响力，也真正将医疗技术在中国落地。

在国际高端医疗服务方面，AIMIS 将组织旗下以 William D.Smith 医生、Mark Peterson 医生等 AIMIS 医学专家为首的国际知名优秀医学专家以轮诊的方式，真正参与到济民制药所属的医疗机构运转中，同时也将国际化的英文工作环境带到济民制药医疗机构，为济民制药发展国际化医院打下坚实的基础，这次"强强联合"，旨在进一步深化济民制药与美国微创外科研究所全方位合作，促进济民制药在技术、产品和资源等方面的国际交流，打造国内改革开放新高地，为济民制药国际化医院建设提供人才支撑。双方希望能够通过专业技能与服务的交换，深度发展医疗行业。

并购仅仅是济民制药进入国际市场的第一步，随着国内医疗服务逐步走向基本需求公益化、高端需求市场化的格局，国内高端医疗迎来了重要的市场红利期，国际战略合作成为帮助企业转型的契机。公司迅速制定了内生式增长、外延式扩张、整合式发展的策略方针，以"一主两翼"构建大健康生态圈。"一主"指的是以重点发展医疗服务为主，"两翼"则侧重于发展医疗器械和化学制药。

在未来的国际化进程中，济民制药将充分利用资本市场平台加大对国内外优质标的的并购力度，开拓医养结合，引进国外的养老体验，保证公司大健康产业战略目标的实现。

三、济民制药国际化经营情况

一是海外市场扩张。以 LINEAR 公司为平台，济民制药打开了欧盟、美国等高端市场的通道，为企业进入欧美等国家市场提供了便利；2017 年公司实现营业收入 6.03 亿元，同比增长 33.86%。医疗器械为主要营业收入来源，其中医疗器械国外业务因 LINEAR 公司营收表现以及公司外销产品销售量增加，保持稳定增长。

二是产品线延长和补强。通过并购全球行业内的优势企业 LINEAR，涉足体外诊断领域，为公司拓展新的业务空间。LINEAR 公司研发生产的体外诊断试剂未来将投入东南亚市场，为企业带来更多的业务发展空间。

三是治理结构改善。海外并购改变企业的治理结构，在团队融合、股权结构、管理架构等层面提升了公司的管理能力，助力济民制药实现人员"走出去"、资本"走出去"、企业"走出去"，甚至真正实现跨国大企业战略目标。

四是研发实力提升。在跨国并购之前，济民制药为进一步地提高高新技术药物方面的研发能力，先后并购了国内的鄂州二医院 80% 的股权、白水县济民医院有限公司 60% 的股权和郓城新友谊医院有限公司 51% 的股权。收购国内医院后，济民制药在技术、盈利水平以及国内影响力上都有了很大的提升。

四、济民制药国际化核心逻辑

（一）利用资本力量，撬动经济杠杆

济民制药坚定推进大健康产业布局，寻找行业中合适的兼并收购对象，通过资本市场的运作，实现产品经营和资本经营、产业资本与金融资本的结合，积极稳妥地通过兼并、收购、控股、参股等多种方式实现低成本扩张，并充分发挥证券市场的功能，逐步走专业化、系列化发展道路。

（二）坚持"走出去，引进来"识别出技术领先

济民制药坚持将"走出去，引进来"作为企业的战略目标，技术领先、法律健全的欧盟和北美等发达地区是济民制药开拓市场的首选目标，这些条件可以更好地保障并购企业的权益。在确定西班牙作为进入国际化市场的第一站之后，济民制药多次专门赴西班牙考察市场，并对目标企业进行了一系列的审查，全面了解该公司的财务状况，从而有效避免并购后可能出现的有关法律、财务等一系列的问题。

（三）根植优势，开拓市场

收购 LINEAR 公司后，济民制药将以该公司为平台，不断延长和补强产

品线，根植自身优势，把原有的药品出口销售到 30 多个国家和地区，形成丰富的信息渠道和海外管理人才队伍，形成产品特色优势，济民制药也将在国内注册 LINEAR 公司研发生产的体外诊断试剂，重点开拓东南亚市场，实现公司"全球研发、中国制造、全球销售"的战略目标。

（四）签订战略合作，落地医疗项目

济民药业通过与美国微创外科研究所签订战略合作协议，可以进一步深化与美国微创外科研究所全方位合作，促进济民制药在技术、产品和资源等方面的国际交流，打造国内改革开放新高地，为济民制药国际化医院建设提供人才支撑双方希望能够通过专业技能与服务的交换，能够深度发展医疗行业。

济民制药还可以通过美国微创外科研究所这一平台，把旗下医学专家与尼科西亚医学院、伦敦大学圣乔治医学院和其他美国、欧盟和以色列大学教学资源结合起来，为旗下医院人员设计培训计划，切实提高人员素质以及医疗产业服务能力，增强济民在国际上的影响力，也真正将医疗技术在中国落地。

资料来源：洪雨成：《济民制药：重资精研 凝才创业》，《台州日报》2017 年 8 月 13 日，集团官网以及年报整理而得。

 经验借鉴

从 2012 年起，由于相关输液政策的原因，济民制药主营业务收入逐年下降。在行业整体不景气的情况下，济民制药将目光投向海外，通过国际化战略走出了一条"全球研发、中国制造、全球销售"的特殊道路，有力地促进了企业"大健康产业生态圈"的布局与建设。简单来说，济民药业国际化推进过程中的主要经验有：①济民制药坚持"走出去，引进来"作为企业的战略目标，识别出技术领先、法律健全的欧盟和北美等发达地区是作为济民制药开拓市场的首选目标，这些条件可以更好地保障并购企业的权益。在确定西班牙作为济民企业进入国际化市场的第一站之后，多次专门赴西班牙考察市场，并对目标企业进行了一系列的审查，全面了解该公司的财务状况。从而有效避免并购后可能出现的有关法律、财务等一系列的问题。②对比双方

企业的优势劣势，探索出一条"强强联合"的发展道路，收购 LINEAR 公司后，济民制药将以该公司为平台，不断延长和补强产品线，根植自身优势，把原有的药品出口销售到 30 多个国家和地区，形成丰富的信息渠道和海外管理人才队伍，形成产品特色优势，济民制药也将在国内注册 LINEAR 公司研发生产的体外诊断试剂，重点开拓东南亚市场，实现公司"全球研发、中国制造、全球销售"的战略目标。③济民药业通过与美国微创外科研究所签订战略合作协议，可以进一步深化与美国微创外科研究所全方位合作，促进济民制药在技术、产品和资源等方面的国际交流，打造国内改革开放新高地，为济民制药国际化医院建设提供人才支撑，并且双方希望能够通过专业技能与服务的交换，深度发展医疗行业。④济民制药可以通过美国微创外科研究所这一平台，把旗下医学专家与尼科西亚医学院、伦敦大学圣乔治医学院和其他美国、欧盟和以色列大学教学资源结合起来，为旗下医院人员设计培训计划，切实提高人员素质以及医疗产业服务能力，增强济民在国际上的影响力，也真正将医疗技术在中国落地。⑤随着国内医疗服务逐步走向基本需求公益化、高端需求市场化的格局，国内高端医疗迎来了重要的市场红利期，国际战略合作成为帮助企业转型的契机。公司迅速制定了内生式增长、外延式扩张、整合式发展的策略方针，以"一主两翼"构建大健康生态圈。"一主"指的是以重点发展医疗服务为主，"两翼"则侧重于发展医疗器械和化学制药。

 ## 本节启发思考题

1. 企业实施国际化战略的投入与产出是否相符？

2. 如何识别一个企业是否适合实施国际化战略？

3. 实施国际化战略后是否会影响国内市场？

4. 企业如何制定符合自身特点的国际化战略？

5. 影响企业国际化战略成功的因素有哪些？

6. 企业进行国际化战略的动力有哪些？

7. 企业如何平衡国际化战略带来的企业内部管理的冲突？

8. 企业如何才能更好地消化国际化战略带来的成果？

第五节　浙江新界泵业有限公司案例分析

 公司简介

　　浙江新界泵业有限公司（以下简称新界泵业）是一家专业生产经营各类泵及控制设备的股份制企业。公司创建于1989年，建筑面积6万多平方米，现有员工1200多人，年生产水泵200余万台套，产品有3000多种规格，广泛应用于农田灌溉、生活取水、消防、建筑、矿产、污水处理、工业用水等行业。公司为构建一个国内领先的技术研发及贸易平台，在上海设立浙江新界泵业有限公司(上海)技术研发中心。公司在"以用户需求为中心，追求国际一流的品质，着力提升企业竞争力，为顾客提供满意的产品和服务"的质量方针指导下，发展迅猛，备受国内外业界关注。新界泵业具有自营进出口权，并取得ISO9001质量管理体系认证、ISO14001环境管理体系认证、CCC认证、GS认证和CE认证等；公司技术力量雄厚，测试设备先进，大、中专以上学历人员占员工总数的30%，在同行中具有明显的人才优势。

　　作为中国农业机械学会排灌机械学会副理事长单位、温岭市重中之重工业企业和行业龙头企业、浙江省重点民营企业、中国潜水泵行业的龙头企业，公司连续6届被台州市消费者协会评为"消费者信得过单位"；被省工商行政管理局评为"AAA"级"重信用、守合同"单位；连续12年被中国银行浙江省分行评为"AAA"级资信企业。

　　公司营销网络遍及全球，产品远销东欧、西欧、中东、东南亚、美洲、非洲各地区，国际客户120多个，国内一级销售处700多个，二级销售商2500多家。公司主持或参与起草国家标准、行业标准20多项，拥有近50项各类专利。新界泵业是国家级"高新技术企业"，聚集了大批行业内优秀人才，长期与江苏大学、中国农业大学、兰州理工大学等国内专业院校和科研机构保持合作，技术研发实力雄厚，是"省级技术中心"企业；2010年底成为浙江省首批"博士后科研工作站"试点单位，并在深圳证券交易所挂牌上市；2016年新界泵业成功完成海外收购首单收购德国WITA，此后新界泵业积极谋求转型升级和战略突围，为其打下了坚实的基础。

案例梗概

1.新界泵业凭借自身的研发水平研发出"螺杆泵",开启中国水泵行业传奇品牌之旅。

2.采用了以客户为中心,内部扁平化管理的管理模式,创新贯穿管理的全过程。

3.持续深入开展渠道管理扁平化与品牌落地战略,在世界各地树立良好的新界品牌形象。

4.收购 WITA 提高了其在国内外市场的综合竞争力,进一步帮助原有产品拓展海外市场。

5.通过缩减分销渠道中不增值的环节或者增值很少的环节,以降低渠道成本。

6.锁定全球最大的社交网站 Facebook,使新界泵业 (SHIMGE) 品牌迅速高效地传播到海外。

7.公司实验中心一举通过 CNAS 实验室认证,跨入了国家级实验室的行列。

8.依托不断提升的专利技术创新和研发优势,实现新兴产品的批量上市。

关键词: 内部扁平化;行业传奇品牌;CNAS 实验室认证;品牌落地战略;降低渠道成本

案例全文

一、新界泵业国际化背景

新界泵业创建于有着"中国水泵之乡"之称的温岭市大溪镇,早在 20 世纪 90 年代初,这个小镇就有不下 2000 家生产水泵的作坊。作为其中极具代表的新界泵业从一家年销售额不过一二十万元的小水泵厂,发展成为中国水泵行业的龙头企业。

(一)识别行业特点,聚焦行业需求

新界泵业作为一家专业生产经营各类泵及控制设备的企业,水泵行业的发展也就决定了新界泵业的战略规划。截至 2018 年,国内泵企业约 1000 家,占世界泵企业的 1/10;2004 年国内泵产值约 220 亿元,约占世界泵产值 270

亿美元的 9.84%，世界十大泵企业产值约占世界泵总产值的 22%，我国十大泵企业的产值也约占全国泵产值的 22%。对于国内的水泵行业发展而言，现今已经进入了发展的关键时期，创新、转型是泵行业转型的唯一出路。新界泵业依据行业特点整合工程营销队伍，建立专门服务于水处理、建筑排污、暖通的行业销售及服务团队，对企业内部的业务调整，分行业销售逐步走上正轨，发展健康，为后续实现销售增长打下了良好基础。与此同时，循环泵技术目前主要被德国、美国等欧美国家垄断，吸收欧美高端技术，可以帮助新界泵业更好地转型，拓宽市场。

（二）精准定位，专注水泵事业

曾经，在公司上市之初，有人建议新界泵业集团股份有限公司董事长许敏田可以将募集的资金进行投资，许敏田立即表示："我不做房地产，我只想认认真真地把水泵做好！"正是由于公司秉承着"视野全球化、品牌国际化、渠道管理扁平化、分工专业化"的发展思路，专注水泵事业，公司在世界各地对于水泵产品行业树立了良好的品牌形象，拥有稳定的用户群体。

随着社会的进步，人们对产品多样化的需求增加，对水泵产品的要求也越来越高。新界集团在多次合作会议上提出其不仅会坚持生产中国的水泵产品，并且将锁定打造全球一流水泵的远大目标，强调在战略上加快海外市场的发展步伐，大力进行新界品牌的全球化建设；识别海外重点国家、地区市场，定义重点进军市场，改变海外市场摊子过大、资源分散、主攻方向不明、个性化服务能力不足局面；针对重点国家、地区市场投入人力资源、政策资源，并有针对性地研发适应区域市场产品，提高重点国家市场占有率，在相关重点国家、地区形成真正的品牌影响力，以促进海外市场的较快增长。

（三）技术研发，拓展全球市场

坚持技术创新与产品研发是新界泵业始终奉行的发展方针。新界泵业副总经理、海外事业部负责人张俊杰在大会上做的 2015 年新界新产品发布主题演讲以及海外项目团队顾问张烨在大会上做的《中国企业海外品牌建设》主题演讲都表现了新界泵业对创新和研发的热忱，同时新界泵业也通过了各种方式与海外合作伙伴在发展战略上建立共识，加强双方的信任和了解，促进新界泵业的发展。

二、新界泵业国际化实践

（一）敏锐洞察，成功上市

1987 年，新界泵业凭借自身的研发水平研发出可以填补国内市场空白的"螺杆泵"，由于质量过硬，新界泵业很快就在业界崭露头角，开启新界泵业中国水泵行业传奇品牌之旅。新界泵业于 2010 年 12 月 31 日成功登陆 A 股市场，在深圳证券交易所成功挂牌上市（股票代码：002532），公司下设上马、潜水泵、屏蔽泵 3 大事业部，在全国拥有 6 大生产基地，11 家控股子公司，成为真正的中国水泵行业领军品牌。

（二）扁平化管理，提升知名度

对于转型期和行业市场变化快的新界泵业，其采用了以客户为中心，内部扁平化的管理模式，创新贯穿管理的全过程。从员工招聘环节开始严格把关，重视对员工能力、员工思维和员工治理三方面的综合考量。重视人才选育，着重基层管理人员的职业培训，推动管理高效化，最大限度地节约管理成本，提高人均产值，实现公司销售网点最大限度覆盖，提高公司产品知名度、提升公司品牌形象。

扁平化的管理与品牌落地战略帮助新界泵业在世界各地树立良好的新界品牌形象，2018 年，国内新增新界泵业销售网点 1300 余家，新增新界泵业品牌形象店（含门市广告牌）1100 余家。公司海外市场持续深入开展渠道管理扁平化与品牌落地战略，加快品牌国际化建设，在世界各地树立良好的新界品牌形象。截至 2018 年末，公司拥有 400 多家稳定的海外客户群体，覆盖了全球 100 多个国家和地区，新界泵业产品遍及各大洲，海内外水泵产品自主品牌化率近 90%，新界泵业产品在国际市场上具备了一定的影响力和竞争力。

（三）收购德国 WITA 公司

WITA Wilhelm Taake GmbH 成立于 1961 年，WITA Wilhelm Taake GmbH

与 HEL-WITA Sp.zo.o. 统称为 WITA 集团。WITA 集团是一家供暖系统制泵领域中的中型企业，在国际水泵行业颇有名气，它拥有近 55 年的技术沉淀和先进制造经验，有着全球顶尖的循环泵核心零部件制造工艺和生产经验，其核心业务活动涵盖供热、卫生和暖气装置配件领域中泵产品的生产、经销和研发，产品主要为循环泵，其循环泵以"可靠""静音"的高品质立足全球高端水泵研发和制造领域。WITA 在欧洲销售的产品及定价与欧美其他一流品牌处于同一水平线，在德国和波兰均有较好的市场口碑。

新界泵业集团股份有限公司在德国的全资子公司 mertus 253.GmbH 于 2016 年 4 月收购德国 WITA Wilhelm Taake GmbH 公司 100% 股权。公司公告分别以 550 万欧元、580 万欧元收购 Lieselotte Hallinger 女士旗下的德国 WITA 100% 股权，并约定 WITA Wilhelm TaakeGmbH 公司以 220 万欧元收购 Lieselotte Hallinger 名下地产。公司通过此次收购 WITA，提高了新界在国内外市场的综合竞争力，并在欧美成熟的销售渠道，进一步帮助新界泵业原有产品拓展海外市场，转型国际化。

为进一步巩固国内行业的龙头地位，新界泵业成立维塔国际贸易（杭州）有限公司，产品来自德国的 WITA 循环泵，注册资本为 1000 万元；以货币方式认缴出资 1000 万元，占注册资本的 100%。维塔国际贸易（杭州）有限公司，主要进行贸易进出口，其生产的产品不仅仅局限于循环泵以及相关其他泵类产品、控制设备类产品及零配件，在国内国际的泵业市场、暖通市场、城市建筑供暖供水市场、配套家用电器工厂等都有广泛的合作前景；尤其近些年，中国的城市供暖领域在不断地改进改建，北方城市的煤改电工程给 WITA 的主要产品带来了无限的市场机会。

（四）营销创新 深入海外市场

"互联网＋"的营销渠道内核讲究从信息传递交互到商品询价下单等多个领域，层层删减厂家和终端顾客之间林立的层级，最终达到"无极"的终极状态。"互联网＋"的内核与新界泵业多年坚持实施的"渠道扁平化战略"不谋而合。新界泵业正是通过缩减分销渠道中不增值的环节或者增值很少的环节，以降低渠道成本。通过渠道扁平化建设让消费者能够更方便地购买到高性价比和高品质的产品，实现厂商和经销商利润最大化目标，并有效地回避渠道风险，从而实现品牌的良性发展，更有利于新界泵业品牌赢得全球客户的口碑。2016 年，新界泵业将互联网营销转向了海外，通过对海外客户营销触点的全面分析，新界泵业锁定了全球最大的社交网站 Facebook、最大的搜索引擎 Google、最大的视频网站 Youtube 等，通过开展 SNS 和 SEO 等多种方式的营销，使新界泵业（SHIMGE）品牌迅速高效地传播到海外。

（五）新界泵业发展重大事件

2010 年，新界泵业成为浙江省首批"博士后科研工作站"试点单位。

2011 年，公司摘取"品牌中国大奖·最佳科技奖"。

2013 年，成立了国际一流的泵产品研发中心——新界泵业（杭州）有限公司，致力于高效电机、泵用控制技术、物联网技术和新能源技术的研究，承接中高端产品链的研究工作；与台州学院合作建立了"流体机械及装备协同创新中心"，进一步提升了与地方高校的协同创新能力。

2013 年，荣膺"2013 中国最具创新力企业"。

2014 年，公司实验中心一举通过 CNAS 实验室认证，跨入了国家级实验室的行列。

2014 年 12 月，荣获"科学技术进步一等奖"和国务院颁发的"国家科学技术进步奖"等荣誉。

迄今为止，新界泵业已累计主持或参与起草／修订国家标准／行业标准达60 项，公司及子公司累计获得授权专利 200 多项。

三、新界泵业国际化经营情况

（一）海外市场不断扩大 营业收入稳步增长

随着全球经济呈现温和增长态势，增长势头分化，各类风险积聚，新界泵业集团股份有限公司始终坚持以客户为中心，以"节能省电，高可靠性"为价值主张，在积极拓展海内外市场的同时，营业总收入逐年提升，净利润也逐年稳步提升，至 2018 年末，营业收入达 14.99 亿元，其中国外销售收入达 6.13 亿元，占总收入的 40.89%，总体财务情况稳步提升（见图3-3）。

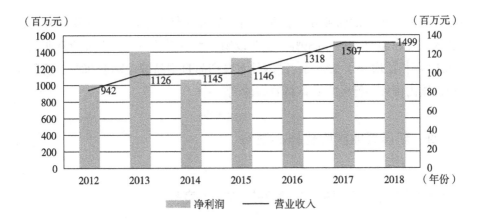

图 3-3　2012~2018 年新界泵业财务指标

（二）技术创新带动产品领先

近年来，新界泵业 IPD 集成产品研发流程建设持续推进，建立了从用户需求、研发过程、制造生产、产品生命周期全过程管理体系，产品研发实现生命周期过程管理全方位执行 IPD 流程，为今后公司能够精准、快速推出迎合市场趋势、适应用户需求、具备市场竞争力的新产品，奠定了基础。

2018 年，公司新增专利 166 项（含子公司，下同），其中发明专利 3 项，实用新型专利 116 项；截至 2018 年末，累计拥有有效授权专利 467 项，累计主持或参与起草 / 修订国家标准 / 行业标准达 66 项。依托不断提升的专利技术创新和研发优势，目前公司实现了 PJ 系列喷射泵、智能增压 PW 系列陆上泵、盘式切割污水泵、大功率智能增压泵、4 寸内装式深井泵、5 寸深井泵、QY 大流量轴流泵等产品的批量上市。2017 年实现了便拆式 TB 管道泵、PW-Z 新型全自动家用自吸泵 60Hz、JETG1 系列不锈钢小流量、高扬程喷射泵、北美市场住宅污泵等产品的成功上市；由新界泵业、江苏大学等联合申报的"基于动力学稳定性设计的多级离心泵关键技术研究及应用"产学研成果被教育部授予科学技术进步奖二等奖，这是继 2014 年"高效离心泵理论与关键技术研究及工程应用"项目获国务院颁发"国家科学技术进步奖二等奖"后的又一大奖。

（三）海外市场收入稳定

从新界泵业进入海外市场起，公司深入贯彻渠道管理扁平化与品牌落地战略，在海外市场的营业收入稳步提升，近几年趋于稳定。2018年国外的营业收入已经占总收入的40.89%，主要以销售水泵产品为主，水泵的营业收入同2017年相比增长了2.95%，国内外水泵产品自主品牌化率近90%，新界泵业正以国内国外并行的方式保持着高盈利。

四、新界泵业国际化核心逻辑

（一）立足于市场聚焦，构建可持续的核心竞争力

新界泵业通过识别重点国家，建设根据地，将优秀人员、市场资源重点投入重点国家，以达到持续的盈利水平。同时新界泵业深入市场前沿，了解客户需求，分析市场动态，扩大公司品牌在海外市场的占有率。新界泵业拥有自身特有的五优模型，结合行业发展，在一线城市深入布局水处理系统、供暖、建筑排污三大产品线，拓展细分行业市场。

（二）组建专业团队，探索海外市场

新界泵业之所以能在海外市场站稳脚跟，很大程度与其长远的战略布局有关。2014年，新界泵业全面调整组织架构和市场布局，引进了海外营销咨询团队，探索海外市场营销新思路、新模式，依托公司高自主品牌化率，构建了强大的海外市场营销网络。战略调整初步显现后，在2015年，新界泵业开始组建自己的海外市场行业销售拓展团队，探索海外市场专门行业渠道拓展，同时组建国内农泵渠道行业销售团队并行，探索农泵渠道行业销售，聚焦与现有产品品类相匹配的行业。

（三）明确目标客户群体，以标杆带动零散客户

新界泵业拥有400多家稳定的海外客户群体，覆盖了全球100多个国家和地区，新界产品遍及各大洲，海内外水泵产品自主品牌化率近90%，新界泵业品牌具备了一定的国际影响力和竞争力，新界泵能够拥有如此稳定的海外客户群体主要是因为行业销售客户聚焦，市场定位明确，目标客户群体明确，拥有符合目标客户定义的行业标杆客户，并突破标杆客户，塑造市场声誉，以标杆客户带动零散客户。

资料来源：陈兴多：《新界泵业：跨国并购助力裂变发展》，《台州日报》2017 年 6 月 3 日，第 1 版；侯永胜：《一种坚守，多维创新，化危机为机遇——新界泵业的"逆寒生长秘籍"》，灌溉网，2017 年 5 月 27 日；新界泵业官网以及年报整理而得。

 经验借鉴

随着社会的进步，人们对产品多样化的需求，导致产品的批量越来越小。用户对水泵产品的要求越来越高，如多变的型号、低的价格、高的质量、按期交货和良好的服务等。新界泵业作为水泵行业中的企业代表，一如既往地专注于生产中国高端水平泵业产品。简单来说，新界泵业国际化发展的主要经验有：①找准定位，充分作为。通过识别重点国家，建设根据地，将优秀人员、市场资源重点投入重点国家，以达到持续的盈利水平。同时深入市场前沿，了解客户需求，分析市场动态，扩大公司品牌在海外市场的占有率。新界泵业在精准定位上做了完备周全的工作，值得学习借鉴。②调整战略布局，探索新模式。自 2014 年起，新界泵业全面调整组织架构和市场布局，引进了海外营销咨询团队，探索海外市场营销新思路、新模式，依托公司高自主品牌化率，构建了强大的海外市场营销网络。战略调整初步显现后，在 2015 年，新界泵业开始组建自己的海外市场行业销售拓展团队，探索海外市场专门行业渠道拓展，同时组建国内农泵渠道行业销售团队并行，探索农泵渠道行业销售，聚焦与现有产品品类相匹配的行业。③掌握核心技术，引领行业发展。新界泵业始终坚持且掌握核心科技引领行业发展，"以客户需求为中心做产品，以变革创新为中心做管理"的研发理念，投资千万元从事科技创新，引进资深专家顾问、高级工程师、博士等高端人才，与江苏大学、中国农业大学、武汉大学、中国农业机械化科学研究院和沈阳水泵研究所等机构进行技术合作，用领先的技术为产品生产做支撑，拓宽了中国水泵行业的发展空间。④"两手"发力加快国际化战略步伐。通过收购 WITA 公司，新界泵业可以从市场开发、新产品开发两个方面同时发力，借助德国这个作为面向欧美发达国家的服务窗口，充分利用其销售网络和品牌的竞争优势，加快推进新界品牌国际化战略的步伐，进一步拓展欧洲及全球市场，为公司开拓新的利润增长点。

本节启发思考题

1. 人才全球化和企业全球化有什么联系？请具体说明。

2. 全产业链体系的优势有哪些？

3. 企业如何在国际市场上找到自身的核心价值？

4. 电商企业是否要打价格战？

5. 当代流行文化与营销是否存在联系？

6. 日化企业国际化面对的难题主要有哪些？

专题一 市场国际化企业发展路径分析

以市场拓展为主要动机的国际化企业,一类是其已成为某一细分领域的隐形冠军,触及国内市场"天花板",如福耀集团、银轮股份等,对此类企业而言,海外市场拓展是顺应形势的自然选择;另一类是基于国内外市场及产业上下游的判断,为了获取更低的成本和更为广阔的市场,如华海药业、联化科技等。市场国际化步骤从产品海外销售、设立海外办事处、开展海外并购工作循序发展,然而在企业海外并购过程中缺乏标的来源,在信息收集、筛选、对接过程基本依靠企业自身资源、海外华人、留学生等个体资源,尚未形成完善的标的信息供给及对接平台,导致企业在海外并购过程不断拉长。海外市场的开拓与融合是企业并购的最终目的也是并购工作成功与否的关键节点,一般来说,市场国际化企业并购标的的选取一是获取其与大客户之间的紧密关系,助力母公司获取更高的国际地位和话语权;二是获取标的公司原有的销售渠道,打通与下游经销商之间的壁垒;三是实现供应链的整合,以低成本巩固市场竞争优势,从而打开国际市场(见图3-4)。

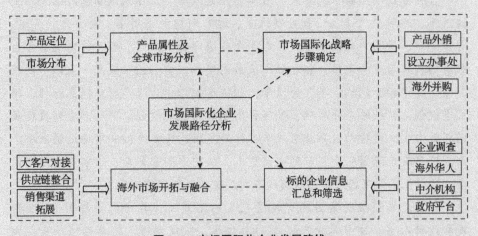

图3-4 市场国际化企业发展路线

第四章

浙商企业技术国际化管理经验案例研究

第一节　标杆案例分析——吉利控股集团

 公司简介

浙江吉利控股集团有限公司（以下简称吉利）是中国国内汽车行业十强中唯一一家民营轿车生产经营企业，始建于1986年，经过三十多年的建设与发展，在汽车、摩托车、汽车发动机、变速器、汽车电子电气及汽车零部件方面取得辉煌业绩。吉利控股集团已逐渐发展成为一家集汽车整车、动力总成和关键零部件设计、研发、生产、销售和服务于一体，并涵盖出行服务、线上科技创新、金融服务、教育、体育等在内的全球型集团。

吉利控股集团旗下拥有吉利汽车、领克汽车、沃尔沃汽车、Polestar、宝腾汽车、路特斯汽车、伦敦电动汽车、远程新能源商用车、太力飞行汽车、曹操专车、荷马、盛宝银行、铭泰等众多国际知名品牌。各品牌均拥有各自独有的特征与市场定位，相对独立又协同发展。吉利控股集团一直以"创造安全、环保和节能的汽车"为使命，积极承担为中国汽车行业树立标杆、推广重视创业精神的企业文化、呈现科研发展价值的责任。同时，吉利控股集团还致力于大力推动世界知名汽车品牌的发展，为多个细分市场提供优质产品。产品覆盖范围从小型车到中大型车、从跑车到豪华车、从乘用车到商用车、从摩托车到飞行汽车，以满足不同层次的消费者需求。

目前，吉利控股集团拥有超过120000名员工，其中包括超20000名研发和设计人员。公司总资产超过3300亿元，1997年进入轿车领域以来，凭借灵活的经营机制和持续的自主创新，取得了快速的发展，现资产总值超过千亿元，2018年度《财富》杂志世界500强排行榜中，浙江吉利控股集团以

411.719 亿美元的营收位列第 267 位，强势攀升 76 位，这也是其自 2012 年首次进入榜单以来连续 7 年上榜。

 案例梗概

1. 吉利协议收购 PG 公司，并与多家企业成立合资公司完成资金运作。

2. 利用自身的产品、技术、品牌等资源，在多个国家建立起自己的组装生产基地、销售渠道、经销网络等。

3. 参加国际著名车展，亮相世界五大车展之一的法兰克福车展，并两度参加底特律北美车展。

4. 成立了自己的国际汽车营销学院，让派驻海外的代表首先具备营销管理意识和指导经销商解决问题的经验。

5. 通过加强内部协同效应，领导开发基于模块化架构的通用标准化技术，旨在实现高度的零件通用性和成本优化。

6. 收购戴姆勒股权意在寻求获得戴姆勒的电动汽车电池技术，进入新能源汽车领域。

7. 海外建成了 15 个生产和装配基地，实现海外年销售整车 130 万辆以上，成为全球有竞争力的品牌之一。

8. 通过收购澳大利亚 DSI 公司获得了自动变速箱的关键技术，全面了解、参与、掌握沃尔沃的研发以及研发数据库的共享。

关键词：数据共享；建立生产基地；国际车展；成立国际汽车营销学院；内部协同效应

 案例全文

一、吉利国际化背景

吉利汽车作为一家民营企业，在发展初期便受到了资金不足的限制，吉利渴望通过资本市场和多种融资渠道帮助自身更好更快地发展。并购合资成为了吉利寻找国际资本的选择。吉利在 2003~2008 年，通过部分参股上市公司与上市公司合资，进而全面收购控股公司注入核心资产，从而在香港联合交易所实现整体上市。

由于世界汽车排行前十位的跨国汽车巨头都进入了中国市场，国内汽车中高端市场主要以德系、日系为主的合资企业抢占了大部分的份额，低端轿车由于合资企业凭借其雄厚的资金实力与品牌号召力实行了价格战，导致其只能在市场缝隙中生存。

吉利在国内汽车市场竞争激烈的情况下，在低端市场占有一席之地，此后全球一体化发展，国际投资、贸易壁垒的破除，许多发展中国家和地区的汽车消费的兴起，让吉利汽车在具备较高研发能力水平下有了切入国际市场的机会，吉利在"走出去"的过程中，不断提升自身技术强化和品牌提升的"硬实力"的同时，也改变了国人对国产汽车的成见。

一些发达国家率先把汽车发展的未来趋势开发新能源汽车展现在消费者面前。美国通用主攻电动车、欧洲长期发展柴油技术、日本长期专注于混合动力技术，吉利汽车根据公司战略规划，将新能源汽车的开发作为未来5年的重点项目，其中弱度混合动力电动汽车、中度混合动力电动汽车项目均为国家"863"电动汽车重大专项开发项目。吉利在汽车新技术领域为了与国际接轨，不断地寻求发展壮大，寻找资本、寻找市场，探索出了一条心中要模式——海外并购。

吉利作为中国自主品牌进入国际市场，借着低成本优势，并购海外企业以获得技术和网络资源，规避贸易壁垒和汇率风险，缓解了国内市场竞争压力，获得了更大的成长空间。

二、吉利国际化实践

（一）参股合资企业，成功上市

2003年初，吉利董事长李书福协议收购PG公司32%股份，持有国润控股8亿股股份，在2003年底，国润控股有限公司的全资子公司Centurion Industries Limited 和 Value Century Group Limited 分别与浙江吉利美日汽车有限公司、上海华普汽车有限公司合营成立浙江吉利汽车有限公司和上海华普国润汽车有限公司两家合资公司，吉利成功参股香港上市公司，首次完成资金运作。

吉利在国际市场的运营中充分立足当地，实施本土化建设，利用自身的产品、技术、品牌等资源，用与海外公司合资、合作以及独资等模式，在多个国家建立起自己的组装生产基地、销售渠道、经销网络等，吉利汽车目前已拥有海外销售网点共 200 多个，遍布世界 40 多个国家和地区。

（二）落户印度尼西亚，参加国际车展

吉利在 2006 年参加了国际著名车展，亮相世界五大车展之一的法兰克福车展，并两度参加底特律北美车展。2008 年，吉利因在底特律车展发布了一项重大的汽车安全技术——BMBS，被车展组委会授予"发明创新实践特别贡献大奖"。

2007 年，吉利 CK-1 CKD 组装项目落户印度尼西亚，成为帮助吉利进军东南亚和全球右舵汽车市场的跳板。而后，吉利又在乌克兰和俄罗斯建立了CKD 装配基地，吉利不断寻求与欧洲知名整车工厂的合作。

（三）成立国际汽车营销学院，打造国际复合管理人才

吉利在进入国际化市场时，打造了一支既懂国际贸易和汽车营销，又懂国际化管理的复合型人才队伍，吉利还成立了自己的国际汽车营销学院，培养专门的海外营销人才，让派驻海外的代表首先具备营销管理意识和指导经销商解决问题的经验。

（四）构建平台体系，聚集全球智慧

吉利已形成四大基础架构平台体系，BMA（覆盖 A0 到 A+ 级车）、CMA（覆盖 A0 到 B 级车）、SPA（覆盖中大型车）及 PMA（全新一代电动汽车专属架构平台），适合多种车型及不同动力，为吉利全面参与全球市场竞争提供了重要战略支撑。目前，吉利已凭借其技术赢得赞誉，被公认为中国汽车行业领导者。吉利集团还通过加强内部协同效应，提升了旗下所有品牌的创新能力，并领导开发基于模块化架构的通用标准化技术，旨在实现高度的零件通用性和成本优化。为了充分利用全球智慧，吉利建立了一个遍布全球的研发造型网络，在全球拥有五大研发中心和五大造型设计中心，专注于核心汽车技术的发展和未来出行。

（五）收购英国锰铜控股

英国锰铜控股有限公司是一家模具工程公司，坐落在英国的考文垂，自

2003 年公司组成部分出售，公司只有一个运营部门——伦敦出租车国际有限公司，该公司制造和零售伦敦黑色出租车。

2006 年，吉利宣布进驻英国锰铜控股，持有其 19.97% 的股份，后来英国锰铜遭遇金融危机，吉利并未放弃反而对其增资，按"零现金、零债务"模式以 1104 万英镑收购英国锰铜的业务与核心资产。2013 年 2 月，吉利控股耗资 1104 万英镑收购了英国锰铜控股公司手中所有伦敦出租车公司的股份，开始接收新公司的运营权。收购完成后，吉利的工作重心是将锰铜控股现有产品和新产品的生产、销售以及售后服务恢复到之前的水平，包括继续在锰铜控股考文垂工厂进行 TX4 车型的组装。

（六）收购澳大利亚自动变速器公司（DSI）

DSI 自动变速器公司是一家集研发、制造、销售为一体的自动变速器专业公司，是全球仅有的两家独立于汽车整车企业之外的自动变速器公司之一。DSI 具有年产 18 万台自动变速器的生产能力；该公司已有八十多年历史，拥有雄厚的技术积累和产业经验。世界著名自动变速器零部件公司博格华纳曾经全资拥有过该公司 30 年。DSI 公司有一批世界级的优秀工程师，其产品覆盖了四速和六速前后驱动及全驱动大扭矩自动变速器，为福特、克莱斯勒及韩国双龙等世界著名汽车公司配套。

2009 年，吉利成功收购澳大利亚自动变速器公司（DSI），填补其在大扭矩变速箱技术上的不足。DSI 是目前全球两家独立于汽车整车企业之外的自动变速器公司之一，受金融危机影响于 2009 年 2 月进入破产程序。吉利收购 DSI 后首先恢复该公司对福特的配套供应，把 DSI 的产品和技术引入中国，同时为 DSI 在中国寻求低成本采购零部件的途径，并为 DSI 的新产品研发提供资金支持。此外，吉利继续保留 DSI 品牌和 DSI 公司运营的相对独立性，继续为全球客户提供服务。

（七）收购沃尔沃

沃尔沃是全球领先的商业运输及建筑设备制造商，主要提供卡车、客车、建筑设备、船舶和工业应用驱动系统以及航空发动机元器件；还提供金融和售后服务的全套解决方案。沃尔沃具有较强的原创能力，车内空气质量技术控制及环保技术全球领先。

随着金融危机的全面侵袭，福特的汽车销量下降了 21.8%，亏损 146 亿美元（其中沃尔沃的亏损约为 15 亿美元），这促使福特开始以"一个福特"的理念对自身进行大刀阔斧的调整，而卖掉沃尔沃，就成为其降低成本、减少债务、改善财务状况的战略决策之一。但此时金融危机已经使全球大型车企无力竞标沃尔沃，吉利成为最好选择。2010 年 3 月 29 日，吉利以 18 亿美元获得沃尔沃 100% 的股权及相关资产（包括知识产权），同时吉利将保留沃尔沃瑞典总部、瑞典及比利时工厂。

（八）收购宝腾汽车和路特斯

宝腾汽车是马来西亚国产汽车品牌，建立于 1983 年，是 DRB-HICOM（DRB，"多元重工业集团"）旗下全资子公司，也是马来西亚最大的汽车公司，是目前东南亚地区唯一成熟的整车制造商，业务范围覆盖英国、中东、东南亚及澳大利亚，拥有豪华跑车品牌路特斯。最初主要经营汽车、汽车零件，直到 1996 年成功地收购了英国 LOTUS（路特斯集团）国际公司，使该公司具有独立完成从轿车开发到生产的能力，从单一的国内生产商发展成为产品款式多样、满足国内外不同需要的汽车生产商。

2017 年 5 月吉利集团与 DRB 签署具有约束力的关键条款协议，吉利集团将收购 DRB 旗下宝腾汽车 49.9% 的股份以及豪华跑车品牌路特斯 51% 的股份，吉利集团将成为宝腾汽车的独家外资战略合作伙伴。

（九）收购 Terrafugia

Terrafugia 成立于 2006 年，是一家专门研发飞行汽车的美国企业，在 2010 年左右其曾经研发出量产飞行汽车 Transition。在 2013 年，其推出了 TF-X 概念车，这款概念飞行汽车搭载的是一套混合动力系统，该系统由一台最大功率 305 马力的发动机和两台最大总功率为 608 马力的电动机组成。在飞行模式下，该车可以达到 322km/h 的时速，续航里程超过 805km。

2016 年，吉利与 Terrafugia 进行了进一步的协商，协商细节主要集中在两方面：一是吉利掌控绝大部分股份，二是由中方主导管理企业未来发展。最终 Terrafugia 同意了吉利的需求，并报批美国联邦航空管理局等相关部门。经过一年的等待，美国同意了吉利收购 Terrafugia 的行为。

（十）收购戴姆勒

戴姆勒公司（Daimler AG）成立于1890年，总部位于德国斯图加特，是全球最大的商用车制造商，全球第一大豪华车生产商、第二大卡车生产商。公司旗下包括梅赛德斯一奔驰汽车、梅赛德斯一奔驰轻型商用车、戴姆勒载重车和戴姆勒金融服务四大业务单元。戴姆勒作为全球汽车领导者之一，其在电动化、智能化、无人驾驶与共享出行各领域均拥有全球领先的技术。

吉利收购戴姆勒股权意在寻求获得戴姆勒的电动汽车电池技术，进入新能源汽车领域，并试图与戴姆勒在中国内地建立一家电动汽车合资企业，也进一步帮助吉利汽车实现在并购沃尔沃打入全球市场后的国际化发展战略。从战略协同的角度，不只是电动汽车技术上的合作，戴姆勒与吉利也会在其他领域产生协同效应，这也是吉利入股戴姆勒的一大原因。吉利集团海外并购路径及全球化大事记如图4-1、表4-1所示。

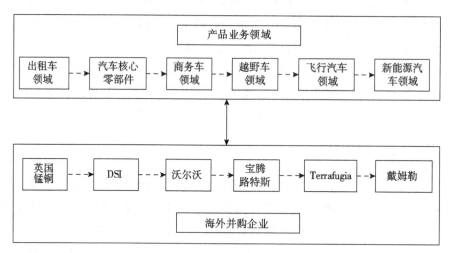

图4-1　吉利集团海外并购路径

表4-1　吉利集团全球化大事记

年份	事件
2002	吉利集团与韩国大宇国际株式会社在宁波正式签订全面技术合作协议
2004	吉利旗下豪情、美日、优利欧、华普、美人豹均已进入国际市场
2005	吉利汽车控股有限公司在马来西亚吉隆坡过会大厦同IGC集团隆重举行

续表

年份	事件
2006	吉利汽车控股有限公司在香港上市的公司——上海华普，与英国锰铜控股公司（MBH）正式签署合资生产名牌出租车的协议
	签署海外第一个 SKD 组装项目——俄罗斯项目
	以 1104 万英镑收购英国锰铜的业务与核心资产
2007	吉利旗下的自由舰和激励金刚在尼日利亚上市
2008	吉利宣布投资墨西哥 León 城建立一座汽车组装工厂，并建造一座工业园
2009	吉利与福特同时宣布就收购沃尔沃轿车公司的所有重要商业条款达成一致
	收购澳大利亚自动变速器公司（DSI），填补其在大扭矩变速箱技术上的不足
2010	吉利汽车在瑞典哥德堡与福特汽车公司签署了正式收购沃尔沃的协议
2015	吉利在海外建成 15 个生产基地，实现 2/3 外销目标
2017	吉利集团与 DRB 签署具有约束力的关键条款协议，收购 DRB 旗下宝腾汽车

三、吉利国际化经营情况

（一）实现盈利水平高速增长 打造国际化资本链条

2018 年，吉利旗下沃尔沃汽车共销售了 642253 辆汽车，同比增长 12.4%。这是沃尔沃汽车连续第五年创全球销售纪录，也是历史上首次突破 60 万辆大关。2018 年，随着美国查尔斯顿工厂落成，沃尔沃汽车实现了跨越欧洲、亚洲和北美洲三大主流市场的全球制造布局，成为一家真正的全球化企业。预计到 2025 年，沃尔沃汽车将发展成为全球汽车行业引领者和消费者出行服务商。其年销量中将有一半是纯电动车，1/3 是自动驾驶汽车，且半数汽车将采用合约购车的新模式，直接服务消费者将超 500 万人次。

吉利还通过股权置换，让业务和资本密切结合，成为真正意义上的实体公司来从事汽车研发、汽车关键零部件生产和整车销售业务，形成了一条完整的资本链，为吉利集团的未来业务发展提供了国际空间。

（二）实现内生有机成长与外延并购成长相结合的发展道路

吉利一方面在全球市场不断寻找适合的并购对象实现外延式成长，另一方面不断借助被收购公司的技术能力来提升自己的技术创新能力，促进自身的有机成长。通过收购澳大利亚 DSI 公司，吉利获得了自动变速箱的关键技术；通过收购沃尔沃，吉利全面了解、参与、掌握了沃尔沃的研发以及研发数据库的共享，快速提升了吉利汽车的研发能力，将吉利带上了一个全新的高度；通过收购英国电动车公司布局新能源领域；收购美国 Terrafugia 飞行汽车公司布局前瞻性技术领域。这种外延式并购成长方式使吉利迅速地学习和掌握到别人通过几十年甚至上百年的经验和技术积累，极大地促进了吉利内生有机成长。

（三）实现全球研发制造布局

吉利和沃尔沃在瑞典哥德堡成立了吉利控股集团欧洲研发中心，以研发设计满足吉利汽车和沃尔沃汽车未来市场需求的产品，让吉利真正融入国际化的汽车研发循环体系之中，这是吉利融入与创建全球化研发体系的重要战略之举。在全球制造布局方面，除国内现有的生产基地以外，在海外，吉利更是积极推进制造基地的建设。未来，吉利在东欧、中美、南美、中东北非及亚太东盟等区域都确定了明确的产能及投资规划。高质量的产品由高质量的设备制造。随着车辆变得越来越先进，制造工艺也必须不断进步。凭借其世界一流的生产工厂，吉利已经成为制造业的领导者，致力于建造世界上最智能、可持续性最高的工厂。

（四）实现全球采购和销售布局

在全球采购布局方面，在并购沃尔沃以后，吉利汽车的全球采购范围更加宽广，且获得了与全球顶级供应商合作的机会。吉利正在朝着"沃尔沃汽车的技术＋吉利汽车的成本"的全球采购体系方向发展，通过全球采购、全球竞争，既保证成本的最优，又促进两大品牌品质的提升。目前吉利汽车主要出口东欧、中东、非洲、东南亚、大洋洲、中南美洲近 60 个国家和地区，并且在海外建立了 400 多家销售和服务网点。

四、吉利国际化核心逻辑

（一）打造国际化的融资平台

吉利通过在中国香港上市与越来越多的国际跨国金融机构、战略投资财团等建立了密切关系，同时与其加强包括资本合作在内的一切有可能的合作，帮助吉利更加全面地国际化发展，这对吉利汽车的战略布局具有重大意义。

（二）"三步走"开拓国际市场

吉利进入国际市场遵循着"三步走"的战略，第一步将重点放在了中东、北非、南美洲等发展中国家，积累经验，培养人才，打好基础；第二步吉利转向了东欧、俄罗斯、东南亚等较为发达国家的市场，开拓国际市场；第三步则向欧洲、北美发达国家进军，站稳国际脚跟。

（三）始终坚持在开放合作中自主创新

吉利汽车集团在中国杭州和宁波、英国考文垂、瑞典哥德堡和德国法兰克福设有五大工程研发中心，在中国上海、瑞典哥德堡、英国考文垂、西班牙巴塞罗那和美国加利福尼亚设有五大设计造型中心。该集团于 2013 年在瑞典哥德堡建立中欧汽车研发中心（CEVT），充分发挥吉利和沃尔沃的优势与资源，联合开发全新的中级车基础模块架构和相关部件，满足沃尔沃汽车集团和吉利汽车集团未来的市场需求。

吉利通过开放合作来提升公司的自主创新能力，探索国际合作自主创新新模式，促进企业自主创新能力提升。正如吉利李书福董事长所认为的那样："企业研发能力的形成，还要跟世界先进的研发机构协同研发，锻炼、培养自己的汽车研发人才，建立起自己的研发体系，才有可能形成自己的创新能力。"

（四）在全球化中高度重视合规经营

在全球监管日益强化的今天，全球公司通过强化合规经营，极大地改变了全球企业竞争规则，从而带来全球竞争的新规则。吉利是较早就意识到建立诚信合规的企业文化对促进公司在全球化发展中持续稳健经营有重大意义。2014 年，吉利正式启动公司合规体系建设项目。对合规文化的建设，董事长李书福这样认为，合规既是企业可持续发展的前提，也是全球经济相互依存、依法竞争的关键，还是人类经济社会不断进步的游戏规则。合规既是企业的基本生存之道，也是企业承担社会责任的基本前提，还是吉利建立全球型整合企业文化的重要手段。同样，吉利所建立的合规管理制度为其全球化发展带来了便利，其在收购美国 Terrafugia 公司时，由于健全与完备合规管理组织架构和合规管理制度，使吉利非常快速地通过了美国国家安全部门的审查。

（五）以优秀的企业家精神引领全球化发展

在李书福董事长的带领下，吉利专注于汽车行业 20 年，对国际国内汽车产业的发展有非常深刻的认识，对研发汽车技术有高度的热情，始终保持向国际跨国汽车公司学习的心态，不断地保持着创新创业的激情。正是这样的激情使吉利敢于去开展跨国并购，激励着吉利要把跨国并购做好、做成功。企业在全球化发展中，有全球视野和创业激情，才能主动去整合资源，并有可能把跨国经营做好。

资料来源：张文强：《吉利借沃尔沃迅速打开国际化局面》，《网易汽车》2009 年 12 月 23 日；浙江吉利汽车集团：《专注核心技术研发 掌握自主知识产权》，《人民日报》2019 年 4 月 26 日，第 18 版；张翼：《开放发展 合作共赢》，《光明日报》2019 年 4 月 15 日，第 10 版；集团官网以及年报整理而得。

 经验借鉴

近年来，吉利在国内市场一路高歌猛进的同时，海外拓展的步伐也不断加速。目前，吉利旗下已经相继拥有了沃尔沃汽车、宝腾汽车、路斯特汽车以及 Terrafugia 飞行汽车等品牌，这不仅让吉利在世界汽车市场上的影响力陡增，也为吉利更快更好地走出国门，成为一家名副其实的国际化车企铺平了道路。简单来说，吉利国际化发展的主要经验有：①内生有机成长与外延并购共促发展。吉利从一开始就走上了一条外延和内生两种方式并重的发展道路，即一方面结合自身发展战略的需要，在全球市场不断寻找适合的并购对象从而实现外延式成长；另一方面，吉利不断借助并购标的公司的技术能力来提升自己的技术创新能力，促进自身的有机成长。②构建全球型的管治结构。为了适应全球化战略的调整，全球公司纷纷建立起与全球价值链网络相匹配的成熟的管治结构。吉利从一个家族制的企业发展成为全球公司，其管治结构也发生了重要的调整和变化。从股权结构上看，由于吉利的前身是典型的家族制企业，李书福等四兄弟拥有企业全部的股权，掌握公司的经营权。2002 年 5 月，吉利集团进行公司制改造，李书福三个兄弟完全退出决策层，职业经理人开始进入吉利集团担任高管，由此吉利开启了管治结构转型的道路。2003 年 3 月，浙江吉利控股集团有限公司正式成立。随后通过一系列资本运作，吉利汽车成功在中国香港上市，因此顺利解决了资金缺口的问题，为进一步通过海外并购走向全球化的舞台奠定了坚实基础。③实现价值链的全球布局。在保有中低端市场的同时，吉利通过嵌入全球价值链向高端市场进军。吉利和沃尔沃在研发领域的协同布局，让吉利的触角真正伸入了国际化研发体系。2013年2月，吉利汽车和沃尔沃汽车联手在瑞典哥德堡成立了吉利控股集团欧洲研发中心（China Euro Vehicle Technology，CEVT），并于当年9月13日开始试运营。通过CEVT，吉利汽车和沃尔沃汽车将联合开发新一代中级车模块化架构（CMA平台）和相关部件，以满足吉利汽车和沃尔沃汽车未来的市场需求。借助平台化的优势，吉利汽车可以借助新开发的模块化架构大幅度提升未来产品的品质和性能；沃尔沃汽车则可以借助集团的资本投入推进前沿技术的落地；同时还可以从吉利汽车在亚洲地区的配套体系中选择优秀供应商，从而对零部件采购进行系统性优化，实现更健康的成本结构。④自创品牌与收购品牌共建自主品牌体系。在全球公司及全球价值链得到深入发展的背景下，吉利一方面积极自创品牌，不断提升自己创建的"吉利"系列汽车品牌的价值和竞争力；另一方面吉利抓住时机通过国际合作或者收购沃尔沃、锰铜（LBH）等公司，把这几个国际知名品牌变成吉利公司自主品牌，最终形成了吉利的品牌体系。⑤在融资渠道选择国际化方式。吉利通过在中国香港上市与越来越多的国际跨国金融机构、战略投资财团等建立了密切关系，同时与其加强包括资本合作在内的一切有可能的合作，帮助吉利更加全面地国际化发展，这对吉利汽车的战略布局具有重大意义。

📋 本节启发思考题

1. 什么是经济全球化？

2. 企业跨国管理与一般企业经营有什么区别？

3. 什么是跨国公司，它具备什么样的特征？

4. 企业管理国际化表现在哪些方面？

5. 简述企业全球化的意义。

6. 分析企业进行国际化经营的机遇和阻碍分别有什么？

7. 企业进行国际化经营该如何选择和管理中间商？

8. 一个跨国企业采用分权控制方式管理海外分支机构，你认为是什么原因促使它采用这样的方式？

第二节　杰克缝纫机股份有限公司案例分析

 公司简介

　　杰克缝纫机股份有限公司（以下简称杰克）创办于 2003 年 8 月，是一家以"聚焦、专注、简单、感恩"为核心价值观，专门进行工业缝制机械的研发、生产和销售的国际化民营高新技术企业。经过多年的经营和发展，已成为行业领先的缝制机械制造商和全球缝制机械行业中产销规模最大的企业之一。2017 年 1 月 19 日，杰克缝纫机股份有限公司在上海证券交易所主板成功挂牌上市（股票简称杰克股份，股票代码：603337）。2018 年 9 月 28 日，李克强总理考察浙江台州杰克缝纫机股份有限公司时说："缝纫机制造属于典型的传统产业，希望你们通过不断创新，让传统产业焕发新的生机。没有落伍的产业，只有落伍的观念。"这句话成为杰克人不断进取、不断突破的动力。

　　杰克以技术研发为驱动企业发展的核心动力，在 2006 年，公司就引进了先进的 IPD（集成产品开发）理念，经过多年的摸索实践，形成了一套较为完善的技术研发体系。同时，杰克组建了一支颇具规模的研发团队，其中包括大量高学位人才，截至 2017 年 12 月 31 日，公司研发团队近 700 人，其中博士 7 人，硕士 55 人。截至 2018 年 6 月 30 日，公司共拥有有效专利 980 项，其中发明专利 217 项，实用新型专利 584 项，外观设计专利 179 项。从小作坊起家一路小跑，一跃成为全球最大的工业缝纫机制造商，连续 8 年全球销量行业排名第一，连续 9 年行业出口第一，连续 4 届行业综合实力第一，引领 500 余家缝制设备及配套企业集群发展。

案例梗概

1. 杰克萌生国际化想法，初试收购行业顶级品牌百福提升自身影响力未果。
2. 吸取教训，以小吞大并购奔马，并组建多地联动的协同研发平台，树立良好品牌

　　形象。

3. 与迈卡的先进技术强强联合，转型升级，推动服装制造"工业 4.0"。

4. 瞄准行业细分领域，持续加强国际合作，加快产业回归步伐，助力台州高质量发展。

5. 相继开发无油、伺服直驱、光机电一体化、智能化等高附加值的新一代机型，产品朝无油化、直驱化、智能化和更加人性化的方向发展。

6. 组建创新考核小组，创新指标和员工的考核挂钩，创新成果将上报到公司创新考核小组。

关键词：并购；转型升级；国际合作；高质量；创新

 案例全文

一、杰克国际化背景

　　杰克经营的是工业缝制机械的研发、生产和销售，专注向全球客户提供性价比最优的缝制设备的创新型科技企业，而国外科技技术较为先进，同时具有较为广阔的市场，杰克走向国际化是多年经营后的必然趋势。

　　刚开始杰克主要面向的是国内市场，以家用小包边机为主要机器设备，但随着服装产业化加速，这种作坊式的经营模式已经无法与企业做大做强的目标相适应，甚至存在被市场淘汰的风险。此后，杰克迅速调整管理模式，改变组织结构，重点突出和强化产品研发和营销，短短几年，杰克的管理制度日益成熟，成为中国最具成长性的企业之一。但国内的市场带来了几大问题，首先，行业的整体服务水平不高，自改革开放以来，机械行业同质化日益严重，价格战越发激烈。其次，杰克缺少专业的战略规划团队，常常以经验进行市场分析，在技术上也遭遇了"瓶颈"。最后，国内市场反应速度慢，杰克组织架构较为冗杂。此时在国际上寻找与其战略模式相匹配的企业，引进国际化人才和技术设备成为杰克的发展突破口。

　　而德国作为工业缝纫机制造大国，打开了杰克走向国际化的大门。通过收购企业的品牌影响力、技术，杰克能迅速将自己的产品推向国外市场，并引进人才、技术，拓宽营销渠道，从而实现"弯道超车""裂变"发展。

二、杰克国际化实践

（一）并购百福，初尝失败

自 2006 年，杰克就萌生国际并购的想法。2009 年在并购德国拓卡奔马以前，杰克试图通过收购全球缝制设备行业里的顶级品牌百福来提高自身影响力，百福拥有行业内最顶端的生产链、研发技术。但经过了两年多的谈判后，由于政府审查等原因，此次并购以失败告终。

（二）吸取教训，收购德国奔马

德国奔马是全球三大自动裁床供应商之一，拥有 80 年技术沉淀和服装 CAM "奔驰"美称，以自动裁床系列产品在服装界及软制品行业享有盛誉，奔马自动裁床系列产品以高精的技术、快速的服务、高度的适用性及经济的使用和维护成本著称。杰克收购奔马后将公司更名为德国拓卡奔马公司，驻地在浙江省临海市，分别在美、英、意、中等国设立了分公司，并在 40 多个国家设有办事处和代理机构。

并购百福失败后，杰克吸取教训，先收购了小公司拓卡，再由拓卡去并购奔马。杰克组建了德国、西安、杭州、台州等多地联动的协同研发平台，开创了中国缝制行业民营企业境外并购的先河，由缝中设备销售转变为缝前、缝中为一体的成套设备制造商。杰克也因此迅速提高了市场占有率，树立了良好的品牌形象，2010 年杰克销售收入比 2009 年整整增长了 2 倍。从并购策略角度，杰克采用的是"非股权并购"策略，仅仅是收购了拓卡奔马的资金部分，同时引进了其专业的人才和技术人员，增加了商誉，剥离了其负债部分，因此规避了很大的风险；从被收购的企业角度，杰克采用的是整合模式，被收购企业仍由德国人管理，淡化了两国的文化差异。在多次沟通和交流后，杰克的企业文化及战略目标得到了德国工会的认可。

杰克对拓卡奔马的并购，是在采用有效管理措施的基础上驶向了内资企业与外资企业之间的融合，发挥了企业境外并购的管理和人才协同效应，实现"1+1>2"的效果。

(三)转型升级，收购迈卡

迈卡是一家从事服装业机器领域的公司，专门设计和制造了一种新型的口袋冲压机，并获有专利，曾创造出全自动缝纫系统，在服装工业领域属于独一无二的。融入吸收奔马以后，杰克的海外并购更加迅猛。2017 年 7 月，杰克以 650 万欧元收购拥有 40 多年历史的意大利衬衫制造专家——MAICA（迈卡）公司 100% 的股权，标志着杰克从"缝制设备制造商"向"智能制造成套解决方案服务商"转型升级走出了跨越性的一步。此次并购将杰克与迈卡的先进技术强强联合，推动杰克成为服装制造"工业 4.0"的缔造者和先行者。

(四)扩大市场，收购威比玛

威比玛是一家牛仔服装自动化设备全球领先的企业，拥有先进的牛仔服装自动化设备生产技术，中国作为全球最大的牛仔服装生产基地，可以帮助威比玛开发更大的销售市场，杰克与威比玛的结合为双方创造更多的发展机遇，开辟更大的市场。2018 年 2 月，杰克股份发布公告称将收购意大利 FINVER S.p.A 的全部股份、VL.BE.MAC. S.p.A.30% 的股份以及 VINCO S.r.l 95% 的注册股份，总收购价为 2280 万欧元，折合人民币 1.7 亿元。此次杰克股份收购的三家意大利服装自动化公司的内部存在股份投资关系，FINVER 公司分别持有另两家公司 VBM 和 VINCO 各 50% 的股权，而杰克股份的收购目标是 VBM 公司，杰克股份希望通过收购 VBM 进入生产牛仔服装自动化设备领域，从而进一步提升企业在自动缝制设备方面的研发水平和研发实力，开拓公司的产品种类，扩大市场。

(五)瞄准市场，加强合作

此后，杰克先后在德国梅尔斯泰腾，中国台州、临海、杭州、西安、武汉，意大利米兰等地设立研发基地。杰克也注重技术专利的申请与保护，先后申请发明专利 502 项，连续 5 年成为行业申报数量最多的企业。未来，杰克将继续瞄准行业细分领域，持续加强国际合作，加快产业回归步伐，将技术和人才落地在台州，把产业和工厂布局在台州，助力台州高质量发展，争取早日实现缝制设备千亿元产业的目标，做大做强"台州制造"。

杰克国际化发展路径如图 4-2 所示。

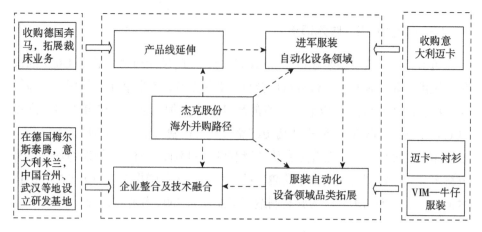

图 4-2　杰克国际化发展路径

三、杰克国际化经营情况

（一）毛利率持续增长，盈利水平提高

2011~2018 年，杰克的营业总收入稳步增加，由 2011 年的 13.5 亿元增长到 2018 年的 32.3 亿元，毛利率从 23.16% 提升到了 28.25%，尤其是 2017 年和 2018 年这两年，杰克无论是在营业收入还是毛利率上都有了跨越式的飞跃，面对国际市场的变动，在整体盈利空间不断被压缩的形势下，杰克的销售净利率从 5.17% 提升到了 11.49%。

（二）商誉大大提升，品牌效应彰显

在实现并购后，海外企业在高度独立运营的同时，与杰克品牌进行了有效融合对接，杰克商誉大大提升，品牌效应彰显，缝制设备订单不断攀升，很多用户都是冲着并购企业的品牌而来，杰克出口也在不断上升，销售业绩在同行业独树一帜。

（三）产品迭代速度快，产品结构不断优化

杰克股份相继开发了无油、伺服直驱、光机电一体化、智能化等高附加值的新一代机型，使产品朝无油化、直驱化、智能化和更加人性化的方向发

展。而且，在迭代开发思路的影响下，杰克股份的产品更新周期一般在 8 个月左右。产品结构的不断升级优化，引得行业叫好声一片。杰克股份的双针技术、花样机技术、开袋机技术和无油直驱技术的创新，在国内处于领先水平，特别是在动平衡的研究、降低噪声、传动机构的改进和自动控制系统等高科技产品的自主研发等方面，杰克股份做了不少工作，并取得了显著成效，打破了国内高档缝纫机产品主要依赖进口的格局。

（四）研发投入大，研发人员精简

缝制机械设备的品种繁多，涉及的技术如机械、电机和电控十分复杂，设计研发能力是缝制机械行业重要核心竞争力之一。具有较强研发实力的企业能够快速应对用户行业需求的发展趋势，提升产品附加值，实现缝制设备的自动化、智能化和节能化，增强企业的竞争力。杰克近两年的研发投入增长大，2017 年研发投入 1347 万元，同比增长了 49.07%，而研发人员却在不断减少，同年研发人员数量占公司总人数减少了 24.92%，这帮助企业团队减少成本提高了效率。2018 年，杰克不断加大研发投入，进行技术创新及技术储备，共申请发明专利 115 项，实用新型 62 项，外观设计 12 项，合计 189 项。授权发明专利 25 项，实用新型 67 项，外观设计 33 项，合计 125 项。

四、杰克国际化核心逻辑

（一）聚焦缝纫机行业，拓展产业链条

以 "即使是做一颗螺丝钉，我们也要做全球最好的" 为理念，杰克股份聚焦缝制设备已有 23 年，并且在未来二三十年内，杰克也没有跨行业经营的计划，通过聚焦缝纫机行业，杰克成为全球最大的缝纫机制造商。同时，聚焦并不意味着故步自封，近年来，杰克从节能电机到自动裁床，不断进行产业链上下游的延伸，杰克的所有收购都是为了战略而收购，而不是为了收购而收购，成为世界缝制设备行业唯一一家集缝前、缝中为一体的缝制成套方案解决服务商，拥有工业缝纫机、自动裁床等产业，产品销往全球 130 多个国家和地区。

如 2017 年和 2018 年收购的两家意大利公司——迈卡和威比玛都是细分

的智能缝纫机制造领域的冠军。在缝纫机行业的智能化发展中，迈卡、威比玛探索了几十年，杰克股份的收购战略非常清晰，如果自己单独去做，可能还要几十年才能发展起来，因而收购是十分必要的。

（二）致力于创新法则，加快产品更新迭代

由于行业门槛低，行业自律差，低价竞争现象普遍存在，杰克股份能异军突起，与技术创新不无关系。除了规模产能优势，杰克股份每年的研发投入也是行业第一，获取的专利数量，已经连续五年在行业内全球排名第一。

杰克股份的"创新"理念，不仅是贴在墙上，而是真真切切落到实处。一方面，公司与清华大学、浙江大学、杭州自动化研究所等合作，建立国家级企业技术中心、国家级博士后工作站、院士工作站等。另一方面，公司组建了创新考核小组，由公司总监级人员组成，创新指标和员工的考核挂钩。在每个考核期内，员工将创新成果上报到公司创新考核小组。

杰克每年投入销售总额的 4.8% 用于新品研发。德国、意大利、北京、杭州、武汉、西安等国内外九大研发中心、近 700 人的研发团队，从基础性能、智能产品、高端装备等不同层次开展梯度式研究，创新性地把物联网技术、传感技术等新技术应用于工业缝制装备。

（三）尊重文化差异，协同共赢发展

杰克股份从 2000 年开始做国际贸易，2007 年开始产业布局全球化。以"尊重、互信、双赢"为核心实现本地化生产、本地化经营以及人才本地化。虽然收购了欧洲公司，但都是杰克股份的全资子公司，之间的文化差异不容小觑。杰克指出，尊重是发展的首要前提，尊重它们的发展，尊重它们的技术，尊重它们的创造力，只有在尊重的基础上，才能够获得它们的信任。在互相信任的基础上，双方才能有更好的技术转移和合作，使双方协同发展。

2009 年 7 月，杰克成功收购德国拓卡公司和奔马公司，两家公司整合后的新公司更名为德国拓卡奔马公司。奔马的员工到台州来，台州员工都把他们当客人招待。而杰克的中国员工到奔马去学习，都要举行拜师仪式，这些工作的开展，最后也形成了"双赢"。

资料来源：郑智颖：《杰克缝纫机：只做自己擅长的事》,《台州日报》2015年12月7日，第5版；张玉玲：《从"文化＋"到"文化融"》,《光明日报》2018年12月5日，第15版；杰克缝纫股份有限公司官网以及年报整理而得。

 经验借鉴

　　杰克是全球销量领先的工业缝纫机品牌，作为缝纫机行业的后起之秀，杰克的销售量从2000年的不足1亿元到2013年17亿元，在全球销量力压群雄，简单来说，杰克国际化发展的主要经验有：①聚焦重点，精准发力。杰克股份聚焦缝制设备已有23年，并且迄今为止，杰克也没有跨行业经营的计划，通过聚焦缝纫机行业，杰克成为全球最大的缝纫机制造商。②加强创新合作，将创新与员工考核挂钩。一方面公司与清华大学、浙江大学、杭州自动化研究所等合作，建立国家级企业技术中心、国家级博士后工作站、院士工作站等；另一方面公司组建了创新考核小组，由公司总监级人员组成，创新指标和员工的考核挂钩。在每个考核期内，员工将创新成果上报到公司创新考核小组。③理解文化差异，促进中外管理人员交融。拓卡奔马的管理人员都是德国人，杰克总公司不参与拓卡奔马的管理，而是会在合适的机会安排一系列活动，增进双方的了解。借着游览中国长城的机会，德国的高管团队开始融入杰克的文化。此外，德国文化中的严谨作风、工匠精神与中国文化中的勤劳、智慧得到了融合，双方在尊重彼此文化的前提下，互相磨合，求同存异。④把握领先技术，推动转型。曾开创缝制行业民企海外并购的先河，成功收购全球三大软制品裁割企业之一德国Bullmer（奔马）公司。此后，杰克又收购了世界最大的牛仔服装自动化缝纫机企业VI.BE.MAC（威比玛）公司。智能缝制版图的持续扩张，加快了企业向智能制造成套解决方案服务商的转型，推动杰克成为服装智造"工业4.0"的推动者和先行者。⑤整合重组，顺利推进技术转移。杰克和拓卡奔马总经理设计好了保证双方利益的机制：德方的高管自己有股份，利润的一定比例归其所有，所以其一定会降成本，降成本就必须要发挥中国的制造优势。同时，杰克把一年营业额的一定比例交给了德国，相当于技术转让费，从德国的法律监管层面讲，这也符合它的运作规则。中国工厂制造大批量、标准化的产品，德国工厂做高端、定制化产品，双方实现了协同合作。中国技术人员前后分6批被派到德国培训学习，他们接受新鲜事物和学习能力强，是杰克实现技术转移的关键。双方交流融洽，师友关系良好。与此同时，杰克也把德国技术人员请过来指导技术，在德国也投入了大量的研发经费。

 本节启发思考题

1. 在制定跨国并购战略时应注意什么问题？

2. 企业在考核创新成果时应考虑哪些指标？

3. 企业应如何应对低价竞争？

4. 什么是"非股权并购"策略？

5. 人工智能、5G 对制造业有什么影响？

6. 企业应该形成什么样的组织架构以适应国际市场？

第三节　浙江银轮机械股份有限公司案例研究

 公司简介

浙江银轮机械股份有限公司（以下简称银轮）1980 年在国内试制成功不锈钢板翅式机油冷却器，主导产品是机油冷却器、中冷器。公司是我国内燃机散热器行业标准牵头制定单位，高新技术企业，国家汽车零部件出口基地企业，中国汽车零部件供应商。先后通过了 ISO/TS16949、ISO14001、OHSAS18001 "三合一"体系认证。2007 年 4 月 18 日，公司成功在深圳证券交易所上市。

经过近 40 年的拼搏与创新，银轮的规模已达到 20 亿元，热交换器产品有油冷器、中冷器、散热器、冷却模块总成、尾气再循环冷却器及铝压铸件六大系列 3000 多个品种规格，年产销量超过 1000 万件。公司的主导产品是机油冷却器、中冷器。公司的产品已由单个零部件发展到总成模块及系统，由满足欧Ⅰ欧Ⅱ排放标准的中冷器发展到能满足欧Ⅳ欧Ⅴ排放标准的 EGR 系统和 SCR 系统，由内燃机、商用车配套领域发展到轿车、工程机械、农业机械、火车机车、船舶、发电机组等配套领域并开始向民用、工业智能、环保、节能、产品方向延伸和发展。公司与清华大学合作开发的 SCR 系统于 2010 年 2 月通过济南汽车检测的现场检测并达到欧Ⅴ排放标准，自主开发的商用车冷却模块已成功为国内多家主机配套，与美国卡特彼勒同步开发的工程机械冷却模块已批量应用于美国卡特彼勒挖机，自主开发的轿车前端模块已通过吉利测试和验收。公司是美国卡特彼勒的供应商、美国康明斯公司采购理事会成员，是北汽福田、玉柴、潍柴、中国重汽、东风柳汽、东风商用车的热交换器合作伙伴。

案例梗概

1.银轮把目标投向国外配件市场，实现与美国 GDI 公司的配套。

2. 通过配套生产了解国际市场的需求以及国外公司对产品的技术要求。

3. 通过不断的资金投入和技术研发，有针对性地进行研究性技术开发以满足国外市场需求。

4. 建立自己的技术信息网，国内外共享技术数据和管理数据。

5. 与法雷奥、博莱恩斯等建立合作关系，有计划地进行国际布局。

6. 转变发展战略，由"自力更生"转变为"以自力更生为主，收购兼并为辅"。

7. 为引进各类技术人才提供便利，搭建北欧技术平台。

关键词：全球化；技术研发；建立合作关系；资源利用；人才引进

 案例全文

一、银轮国际化背景

2008 年以前，绝大多数台州民营企业的概念里并没有"全球化"一词，让民营企业深刻体会到全球化是在金融危机之后。当时，全球经济陷入低迷，不少欧美企业的资产价格处于低估区间。此时，台州企业由于缺乏技术积累和支撑，面临转型升级的"瓶颈"。跨国并购，抄底人才和技术，则为企业突破"瓶颈"提供了难得的机遇和路径。彼时，尽管银轮本身没有被金融危机波及，但客户破产也在一定程度上殃及银轮。浙江银轮机械股份有限公司国际部总经理曹青云曾表示，当时他们的一个年销售额 7000 万元的客户倒闭了，欠银轮的货款也就跟着没有了。

这一年，银轮意识到，在世界经济一体化的大背景下，很难有行业或者企业能独善其身。银轮出击海外市场的第一个目标是人才。金融危机后，银轮邀请了很多国际人才加盟，其中包括银轮现任研究院院长和现任总工程师，但银轮的全球化布局远不止于引进人才。

浙江银轮机械股份有限公司董事长徐小敏在 2010 年就在美国买了工厂，2016 年在美国收购了一家有一百年历史的公司（美国热动力公司）。浙江银轮机械股份有限公司总经理也表示，因为发展到了关键一步，如果还靠自己在那儿一点点打造团队的话，时间等不及，会失去很多机会，而且建立起一套系统很难，短期内建立被人认可的品牌效应也很困难。所以银轮收购了美国热动力公司，它在北美，不光是美国、加拿大有非常认可的市场品牌，客户群还覆盖整个网络。这些布局，对银轮今后走向国际化做了铺垫，在国家与国家之间发生贸易摩擦的时候，能够使银轮减少损失。

二、银轮国际化实践

（一）收购美国热动力公司

美国热动力公司（TDI）主要从事热交换器的设计、开发、生产和销售及相关服务，是一家为北美乘用车、卡车、军车和特种车等市场提供动力转向装置、变速箱、发动机及液压驱动油、燃油及增压空气冷却等全系列热交换器方案的企业。TDI在美国市场拥有完整的销售渠道并获市场高度认可，其客户覆盖美国多数知名汽车制造商。TDI拥有符合北美客户需求的产品开发和试验能力及设施，拥有卓越的管理团队和丰富的运营经验。

1994年，不满足于国内市场的银轮开始把目标投向国外配件市场，成功实现与美国GDI公司的配套，产品开始批量出口，进入美国售后市场，开始参与全球竞争。银轮通过配套生产，能够了解国际市场的需求以及国外公司对产品的技术要求，在此基础上进行有针对性的技术研发，以满足国外市场对技术的需求。通过不断的资金投入和技术研发，公司的技术研发能力不断提高。

公司产品的技术来源于科研院所的技术合作、内部研发队伍、博士后工作站、外部行业专家、国内外主流客户。银轮在上海、美国等地建立了自己的技术信息网，与公司在国内外的分支机构和分公司共享技术数据和管理数据。先后联合浙江大学、上海交通大学、哈尔滨工业大学、清华大学等高校开展应用型技术研究和开发，从车辆工程和试验技术、传热技术、焊接材料与工艺、产品应用技术等方面进行共同研发。在国外，公司不仅成为卡特彼勒战略合作伙伴、康明斯全球采购理事会成员，还与法雷奥、博莱恩斯等建立了合作关系；与内燃机咨询机构——奥地利公司、国际传热传质知名机构——白俄罗斯雷科夫传热传质研究所建立合作关系，作为公司的技术外援。

2008年起，银轮开始有计划地进行国际布局，先后在美国、英国等地设立多家子公司和办事处，并聘请、委派了多名华裔国际级专家支持国际化工作。然而由于缺乏经验，加上国家文化差异、管理模式的不可复制性等问题，银轮初期的国际化布局收效甚微。

与此同时，全球的热交换器行业开启了新一轮的洗牌，一时间兼并重组风起云涌，行业格局呈现从百花齐放逐渐转向几大国际巨头直接竞争的态势。在这样惨烈的国际竞争格局下，银轮公司董事会开始转变思路，发展战略由"自力更生"转变为"以自力更生为主，收购兼并为辅"。2015年，银轮和SQ资本组成并购联合体，聘请了拥有丰富境外并购经验的会计师事务所和律师事务所，分别提供专业的财务、税务、人事等服务和专业法律服务，组建美国热动力公司项目并购小组，正式介入并购，历经12个月的艰难谈判，2016年5月19日，银轮成功收购美国热动力公司，并顺利完成交割。美国热动力公司的研发试验及样品制作能力与设施、在北美市场的销售渠道，有利于银轮对原有美国子公司及国内生产设备、人员、产品等进行整合，优化资源利用率，提升管理技术水平、降低成本，提升公司在北美市场的竞争力。

（二）收购瑞典 Setrab AB 公司

Setrab AB 公司总部位于瑞典马尔默，在波兰设有工厂，主要设计、制造高端跑车中冷器及油冷器产品，主要客户包括法拉利、兰博基尼、奔驰、宾利等超跑车企，主要优势是小批量高端跑车冷却模块设计。

瑞典 Setrab AB 相关技术可为国内高端电动跑车提供设计，并引入高端客户；同时为银轮在欧洲乘用车市场开拓业务提供技术服务平台；其瑞典的技术中心可直接与沃尔沃和吉利在瑞典哥德堡的技术中心进行对接，提供高效技术服务；在波兰的工厂可以为银轮欧洲业务提供产品制造，作为欧洲业务发展的生产基地。瑞典公司还可为银轮在欧洲引进各类技术人才提供便利，搭建北欧技术平台。

银轮于2019年4月3日召开的第七届董事会第十四次会议审议通过了《关于收购 Setrab AB 公司股权暨对外投资的议案》。同意公司全资子公司上海银轮投资有限公司（"上海银轮投资"）的全资子公司银轮欧洲控股有限公司（"银轮欧洲"）与瑞典 Setrab Aktiebolag 公司股东签订股权转让协议，公司拟投资7000万瑞典克朗（折合人民币约5067.30万元），通过股权收购方式持有 Setrab AB 公司100%的股权。银轮欧洲已与 Setrab AB 公司股东顺利完成股权交割，并已在瑞典当地公司登记部门完成变更备案。

此次交割完成后，Setrab AB 将全力支持银轮欧洲业务发展，充分发挥战略协同作用，为公司进一步拓展欧洲乘用车市场产生积极影响。

三、银轮国际化经营成效

一是研发团队及战略合作伙伴实力强大。银轮目前已拥有一批高素质的专业研发队伍，拥有国家级技术研究中心及国家试验检测中心、博士后工作站，建立了与世界同步的研发体系。公司建立了产品发展战略规划系统，产品研究开发系统以及产品试制、试验系统，至今已取得 400 多项专利，其中发明专利 120 多项。公司先后与清华大学、浙江大学、上海交通大学、哈尔滨工业大学、山东大学、AVL 等建立了战略合作关系，并同相关院校成立了联合研发中心，进行联合创新、联合研发。公司具备为客户同步开发、同步规划的能力，积极为客户提供高效换热以及排气系统的最佳解决方案。

二是全球资源整合，搭建高速响应网络。构建在收购拥有百年发展历史的美国热动力公司的基础上，整合了公司在北美的资源；在德国普锐公司及英国办事处的基础上，计划进一步在资源更为集中的斯图加特成立欧洲运营中心；银轮股份上海基地基本完成基建，进入分阶段投产经营阶段。至此，银轮股份基本形成了中国、北美、欧洲这三个全球最重要经济体的战略发展支点。正是在这样的努力下，银轮得到了卡特彼勒、康明斯、徐工集团、奔驰戴姆勒、福特、通用、吉利、广汽集团等国内外战略客户的高度认可。

四、银轮国际化核心逻辑

（一）技术引领，实现与客户的同步开发

银轮致力于为客户提供"安全""节能""减排""智能"高效换热和排放系统解决方案。公司是国家级高新技术企业，现已拥有国家级技术研究中心及国家试验检测中心、博士后工作站，并在全球设立研发平台，建立了与世界同步的研发体系。公司建立了产品发展战略规划体系，产品研究开发系统以及产品试制、试验系统，至今已取得 200 多项专利，其中发明专利 40 多项，

并成为中国热交换器行业标准牵头制定单位。公司先后与清华大学、浙江大学、上海交通大学、哈尔滨工业大学、山东大学、AVL 等建立了战略合作关系，并同相关院校成立了联合研发中心。联合创新、联合研发，并取得了卓有成效的成果。

目前，公司拥有完善先进的产品性能测试设备，是国内同行中设施最完善、规模最大的热交换器产品测试基地，通过了 ISO/IEC17025 体系认证，是中国合格评定国家认可委员会（CNAS）国家认证实验室，测试基地的部分试验手段超过了国外同行水平；公司已形成了模拟仿真计算与可靠性设计技术、试验方法与装备开发技术、冷却系统集成与匹配技术、排放后处理产品技术（SCR 和 EGR）、发动机智能化热管理技术、节能清洁的钎焊技术（五室半连续真空炉）六大核心技术。

银轮秉承质量第一、顾客至上、全员参与的质量方针，以追求零缺陷为质量目标，在设计中构建质量，以体系为保障，向过程要品质，为客户提供创新性设计、高品质的最佳性价比的产品和服务。公司建立了完善的质量管理体系，并在国际合作过程中不断引进并采用新的质量体系。公司通过了美国著名质量认证公司佩里—约翰逊公司（Perry Johnson Registrars，INC）对 QS-9000/VDA6.1 质量体系的认证；公司通过了国际汽车行业最新质量管理标准 SO/TS16949 第二版、环境标准 ISO14001：2004、职业健康与安全管理体系标准 OHSAS18001：2007 的"三合一"体系认证；获得 ISO/IEC17025 实验室体系认证；通过船检体系的第三方审核，使公司进一步向对顾客负责、对社会负责、对员工负责的现代企业迈进。公司在学习借鉴卡特的 CPS（卡特生产方式）管理方式，打造更加适合银轮的 YBS（Yinlun Business System）管理模式。从客户满意到客户惊喜，让众多客户对银轮品牌产生共鸣，不懈追求产品质量零缺陷的目标。其产品质量先后获得了卡特彼勒、康明斯、福特、戴姆勒等国内外众多客户的高度肯定。

公司具备配套同步开发能力，在与国内外知名主机厂合作时，基于数值计算和仿真技术的设计方法，在产品开发过程中广泛应用；在主机厂的新产品开发过程中，公司能直接根据主机厂提出的性能要求和安装要求进行同步开发，并能接受客户的意见不断优化，持续改进产品的性能和质量，并积极解决客户在新产品研发过程中出现的问题。与国际大客户合作时，公司即时、快速、灵敏的反应能力以及产品的改进、开发速度得到客户的认可和赞赏。

（二）战略引领，坚持"四个国际化"发展

公司的愿景是成为提供高效换热及排气系统解决方案的世界级优秀企业。公司拥有一批海内外优质的客户资源，特别是国际高端客户对公司的能力提升有很多的帮助。目前，公司国内客户有吉利、长城、长安、奇瑞、一汽轿车（000800）、广汽、玉柴、北汽福田、天津雷沃、东风商用车、无锡柴油机厂、上海柴油机、大柴、云内、东风股份（601515）、东风康明斯、重庆康明斯、陕汽、中国重汽（000951）、江淮、金龙、江铃、徐工、山工、厦工、临工等。国际客户有戴姆勒、福特、通用、大众、沃尔沃、菲亚特、卡特彼勒、康明斯、约翰迪尔、纳威斯达、曼胡默尔、西门子、道依茨、法雷奥、久保田、住友重机、MTU、曼恩、阿尔斯通、英格索兰等。

公司联合一切可以联合的力量，整合一切可以整合的资源，为客户创造价值，实现股东和员工价值，银轮以诚信、卓越、拼搏、创新的精神，凭借深厚的专业经验、优良的装备和先进的生产管理，银轮正努力成为行业制造的标杆。

公司利用敏捷、精益、信息化、自动化、智能物联和防错技术，因地制宜地采用世界上先进的制造技术和管理方法，坚持永无止境的改进。不断提高产品质量、降低成本、缩短交期，使公司的制造水平达到世界先进水平。公司积极对接《中国制造2025》，银轮逐步形成行业内世界先进的精益、自动、信息、智能高效制造应用模式。全面投入使用的信息化管理系统，大大提升了公司管理水平。

公司始终坚持"四个国际化"发展战略，一是产品国际化方面，目前公司销售30%左右为出口，已成为康明斯、卡特、福特、通用等世界一流企业的供应商，配套产品几乎涵盖了公司现在的所有产品类型。二是人才国际化方面，公司引进、培养和锻炼了一批国际化的技术、销售团队，掌握和运用国际化的质量管理体系进行产品质量管控。拥有多名国家"千人计划"和省级"千人计划"专家、享受国务院特殊津贴专家顾问4人以及外国籍专家、顾问。国际化人才是公司实现全球化发展的重要保障，国际化人才在银轮有较强的引领、带动和孵化作用，开阔了银轮的发展视野，在与客户的交往过程中，国际化的人才起到了十分重要的作用。三是布局国际化方面，公司坚持从开设国际贸易办事处到办物流及售后服务中心到收购兼并国外公司的发展路径。2001年起，公司在美国、英国等相继设立办事处，2010年起在美国

皮奥利亚设立物流及售后中心，2015 年控股德国普锐公司，2016 年收购美国热动力公司（TDI）。公司并与国际一流同行业企业合作，2016 年与法国弗吉亚建立合资公司，与德国皮尔博格建立 EGR 合资公司。全球布局是赢得更多高端订单的基础，有利于公司全球化产业布局，有利于获得技术、聚集人才。银轮全球布点如图 4-3 所示。

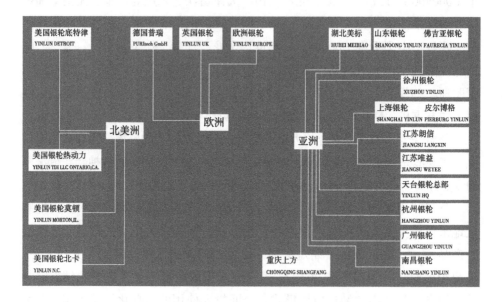

图 4-3　银轮全球布点

（三）人才引领，人才齿轮拉动银轮国际化

2017 年 9 月 20 日，浙江银轮机械股份有限公司获得"浙江省重才爱才先进单位"荣誉称号，台州市共三家单位获此荣誉。"浙江省重才爱才先进单位"是由省委专题研究新设立的奖项，三年评选一次，评选名额不超过 50 个。该奖项的获得，肯定了银轮公司在集聚人才、成就人才、转型升级、加快发展上取得的显著成绩。

"我们给你提供一个大舞台，你可以唱主角。"2009 年，曾在美国克莱斯勒汽车公司、卡特彼勒公司等国际顶尖公司工作的刘浩博士被银轮董事长徐小敏这句话打动，毅然回国到银轮就职。

"我们银轮重才爱才，是因为人才已成为公司发展的血脉。在未来发展战略上，更是要以人才国际化为齿轮，带动管理国际化、工厂国际化、产品国际化高速运转，打造国际化银轮。"银轮公司党委书记柴中华表示，银轮公司坚持实施海外人才抄底策略，通过公司客户举荐和猎头公司招聘等途径，由董事长带队、公司花重金积极引进世界同行业前五强企业华裔高端技术和管理人才。浙江银轮机械股份有限公司是国内热交换器行业的龙头企业、行业标准的"组长级"起草单位和国家汽车零部件出口基地企业。这样的大舞台，在尊重人才、认可人才方面的诚意，吸引着像刘浩博士这样的海外人才和高端人才加入。目前，银轮引进国家"千人计划"1人、省级"千人计划"3人，台州市"500精英"10人，硕博士104人，外籍高端技术专家2名，在公司所有员工中，来自海内外著名高校的本科生占比44%，高技能人才占比18%。

除了人才引进，银轮公司一直在进行积极探索如何让"主角"们唱得好、留得久。历年来，银轮结合不同历史条件和公司实际情况，会使用不同的用人策略：2004年以前，灵活运用"候鸟型""蜻蜓点水型""风筝型""筑巢引凤型"等模式，柔性引人、用人；2004年以后，针对公司外来人才越来越多的状况，公司坚持"安身、安心、安家""三安工程"，从薪酬待遇、生活条件、情感文化等多方位吸引、留用外来人才。

"在国外我们是单一性的专业人才，银轮发掘了我们作为多层次人才的可能性。"目前，刘浩已任公司副总经理，热管理技术研究院院长，主要负责公司技术研发和管理。现阶段，银轮采取高端人才参与公司管理、享有股权、人力资源增值工程等激励方式，极大地调动了人才的工作积极性，提升了人才作为企业"主角"的参与意识和责任意识。

18年前国企改制而成的小公司，摇身变成卡特彼勒、康明斯、福特、通用等国际一流企业的重要合作伙伴；当年偏居天台县一隅的银轮公司，如今版图逐渐扩张到上海、湖北、山东、江西，在这四地都拥有研发中心，并且覆盖美国热动力、德国普瑞在内的各国内外子公司38家。"这样的国际化道路，是依托我们的人才作为桥梁艰难走出来的。"柴中华感慨道。

2010年，康明斯的某款主要产品遇到技术难题，失效率达到20%，在全球知名的大公司生产均没达到想要的效果。在巨大的质疑声中，刘浩带领团队经过数轮分析，成功增强了产品的可靠性。在发给康明斯的三万多台机器中，到目前未出现同样问题。这作为一个关键事件，赢得国际口碑的同时也打开了更广阔的国际市场。在银轮，这样的事情经常发生，比如省级"千人计划"专家李钟麟带领冷却模块研发团队研发出了自主品牌并完全达到了国际一流水准的冷却模块，将银轮公司发展成为继欧、美、日后的中国第一家具有独立研发制作能力的冷却模块制造基地。

很多国际高端人才的加入，增加了银轮与卡特彼勒、康明斯、福特等世界级战略客户合作过程中的话语权，而且为银轮的产品提升、管理提升注入了强劲动力，也推动了银轮工厂国际化。

"我们跟卡特彼勒公司达成合作协议后，在该公司附近设厂配套，配备4个高端人才专门跟进技术和项目。"柴中华介绍，银轮先后在美国、英国等地设立多家子公司和办事处，并聘请、委派了多名华裔国际级专家支持国际化工作，在未来，银轮还将继续扩大全球布局，在欧洲以及印度建立新工厂。

目前，银轮已形成"基层多元化、中层专家化、高层国际化"人才梯队，海归、外来人才、天台本土人才各占1/3的铁三角构筑成银轮高层国际化的坚实基础，尤其是高端海归人才，在银轮海外持续扩张、收购兼并等一系列运作中扮演重要角色。

资料来源：何赛：《打造国际化"银轮"，还看人才》，《台州日报》2017年11月9日，第1版；徐平：《银轮："红色引擎"释放新活力》，《台州日报》2016年11月11日，第4版；马滨生：《银轮股份：振兴民族汽车零部件散热器行业》，《台州日报》2018年3月5日；银轮公司官网以及年报整理而得。

 经验借鉴

近几年来，在国家宏观政策的指引下、在国家有关部门以及浙江省委、省政府的大力支持下，银轮机械全球化布局实现"弯道超车"。简单来说，银轮机械国际化经营的主要经验有以下几条：①发展跨国并购。企业发展到关键一步，但是缺乏技术积累和支撑，如果光靠自己一点点打造团队，不仅时间等不及，机会也容易失去，这时候选择跨国并购，抄底人才和技术，为企业突破"瓶颈"提供难得的机遇和路径。②加强研发投入，提供高效产品。建立国家级技术研究中心及国家试验检测中心、博士后工作站，并在全球设立研发平台，建立了与世界同步的研发体系。③掌握核心技术，形成模拟仿真计算与可靠性设计技术、试验方法与装备开发技术、冷却系统集成与匹配技术、排放后处理产品技术(SCR和EGR)、发动机智能化热管理技术、节能清洁的钎焊技术（五室半连续真空炉）六大核心技术。④秉承质量第一、顾客至上、全员参与的质量方针，以追求零缺陷为质量目标，在设计中构建质量，以体系为保障，向过程要品质，为客户提供创新性设计、高品质的最佳性价比的产品和服务。⑤利用敏捷、精益、信息化、自动化、智能物联和防错技术，因地制宜地采用世界上先进的制造技术和管理方法，坚持永无止境的改进。不断提高产品质量、降低成本、缩短交期，使公司的制造水平达到世界先进水平。⑥始终坚持"人才国际化"发展战略，引进、培养和锻炼了一批国际化的技术、销售团队，掌握和运用国际化的质量管理体系进行产品质量管控。拥有多名国家"千人计划"和省级"千人计划"专家以及享受国务院特殊津贴专家顾问4人、外国籍专家、顾问。⑦注重国际化布局，坚持从开设国际贸易办事处到办物流及售后服务中心再到收购兼并国外公司的发展路径。自2001年起，在美国、英国等相继设立办事处，2010年起在美国皮奥利亚设立物流及售后中心，2015年控股德国普锐公司，2016年收购美国热动力公司（TDI），基本形成了中国、北美、欧洲三个全球最重要经济体战略发展支点。分析银轮的发展和成功，可以发现基本上是中国经济发展的一个缩影，同时也是众多企业在改革开放、经济快速腾飞的大背景下，能够成功改制并实现飞跃的一个典型代表。行业在发展，为适应宏观经济环境以及行业的变化，银轮在汽车以及工程机械用换热器产品上的发展规划也做出了相应的调整。银轮正加大拓展欧美市场，形成新的业绩增长点，打造一个可持续发展的经营模式，为未来发展目标的实现打下坚实的基础。

本节启发思考题

1. 什么是跨国公司？

2. 企业进行国际化并购的原因都有什么？

3. 企业进行国际化经营过程中和进行国内经营有什么不同？

4. 国际经营过程中可能会遇到什么问题？

5. 怎样进行国际化布局较为合理？

6. 国际化经营方式有哪些？

7. 企业进行国际化经营所从事的商务活动主要有哪些类型？

8. 企业进行国际化发展要历经哪些阶段？

第四节　钱江摩托股份有限公司案例研究

公司简介

　　浙江钱江摩托股份有限公司（以下简称钱江摩托）位于浙江省温岭市。始建于1985年，是吉利集团旗下一家以摩托车整车和发动机以及关键零部件研发、制造为主业的企业。公司于1999年在深圳证券交易所上市（股票代码：000913），2005年全资收购意大利百年摩企BENELLI，开创国内摩托车企业跨国并购的先河。公司拥有钱江摩托、Benelli、Keeway、KSR四大摩托车品牌，产品涵盖110cc普通代步车到1130cc高档大排量赛车等全系列摩托车，公司引领国内大排量摩托车潮流，产品远销130个国家和地区。至今，钱江摩托已获得"中国驰名商标""中国名牌"等多个国家级荣誉和"国家级企业技术中心""国家认可检测中心""国家摩托车及零部件外贸转型升级基地企业"以及浙江省首批"重点企业研究院"等称号。

　　公司主营业务为摩托车产业，主要从事摩托车及配件的生产、销售、研究、设计和开发；机电产品的生产、销售；上述产品的售后维修服务；经营进出口业务(按进出口企业资格证书核定范围)。产品覆盖从50~1200毫升排量的系列摩托车，品种包括代步系列和休闲、运动等大排量高端系列，市场包括内销和外销市场，其中以大排量品种为主要营业收入。

　　30多年来，公司始终奉行技术前沿化、装备精良化、产品高端化和市场国际化的发展战略，已发展成为国内摩托车行业少数能制造高端大排量摩托车的企业之一。公司在吉利集团的战略指引下，制订了五年打造"百亿钱江"的战略规划，在继续做强摩托车主业的同时，着力于新能源汽车关键零部件的研发和制造。钱江摩托正在用新的姿态和新的机遇来接受新的挑战。

案例梗概

1. 钱江摩托以创新驱动为理念，组建了智能机械事业部和智能电气事业部，并形成"三驾马车"独立运行的格局。

2. 用高端产品打开印度市场打出品牌，逐步推进中低端产品，通过合作的方式，与印度企业进行深度交流。

3. 与世界制造业各专业领域的著名设计技术公司合作，通过合作积极开发各种具有自主知识产权的产品。

4. 以 7000 万美元的价格成功收购意大利百年摩托车企业纳利填补了中国大排量高档摩托车、赛车等车种上的空白。

5. 打造一体化的高标准制造体系，严苛地控制品控体系。

6. 引进优质、淘汰落后、快速提升三个步骤全面提升供应商体系，从根源上提升了产品的一致性。

7. 与哈雷摩托签署了一份长期合作协议，共同在中国市场推出高端小排量车型先行销售，并陆续向亚洲其他市场推出。

8. 在意大利、西班牙、法国、英国和葡萄牙等市场的销量、渠道和品牌建设都得到了较大进步，市占率显著提升。

关键词：创新驱动；合作开发；高端产品；收购；品控体系

 案例全文

一、钱江摩托国际化背景

1985 年，钱江摩托开始制造、生产家用代步摩托车，经过 34 年的发展和技术积累，目前公司已经是国内摩托车行业少数能制造高端大排量车型的企业之一。钱江摩托见证了摩托车行业经历的"新生""壮年""暮年"各发展阶段。

（一）经济萎靡　国内市场紧急缩水

从 2000 年起，国内市场对摩托车的需求急剧下降，到 2008 年，受到国际金融危机的影响，摩托车市场进一步萎靡，钱江摩托在国内市场举步维艰。同时，受到城市禁摩、电瓶车、微型车这"三座大山"的影响，摩托车市场日渐衰落。但对于当时经济发达的国家和地区来说，人们更注重的是精神需求，摩托事业蒸蒸日上，钱江摩托由此也看到了踏入国外市场的希望，"转型升级"的道路由此开启。

（二）拓展海外基地　加快技术开发创新

巩固发展中国市场、快速发展海外市场是钱江摩托的既定战略方针。国内以钱江品牌主打通路车型市场，海外以 Keeway、KSR 品牌主打通路和个性化市场，全球以 Benelli 品牌主攻中大排量市场是钱江的品牌战略。围绕战略方针和品牌战略，钱江在全球市场布局和拓展的步伐越来越快，东南亚、非欧、欧洲等海外市场网络建设突飞猛进，销量稳步提升。

进入海外市场后，产品高端化和市场国际化是钱江摩托的发展方向，如何在更大的范围内、更深的程度上参与国际市场竞争是钱江摩托亟待解决的问题。过去的 20 年，钱江成功实施了低成本扩张与差异化竞争战略，以鲜明的品牌特性成为自主品牌的"领头羊"，无可争辩地成为中国摩托车行业的第一民族品牌。钱江成功拥有"中国名牌""中国驰名商标""免检产品""国家级企业技术中心""国家级实验室"等国家级荣誉。

二、钱江摩托国际化实践

（一）高端技术消化高端市场

钱江摩托将世界上各种先进的技术资源与其融合在一起，谁的技术顶尖就向谁学习，就与谁合作。钱江摩托前董事长在早期经常去国外顶尖大学、研究机构和知名企业学习，钱江摩托的自主创新就是从集聚全球顶尖技术开始的。

（二）"三驾马车"齐驱　产业创新转型

钱江摩托以创新驱动为理念，积极探索产业转型，它的战略布局分别是以工业机器人及自动化，以及高端电子、电气和电机为主线的新能源产业链。为此，钱江摩托组建了智能机械事业部和智能电气事业部，并形成了以摩托车事业部、智能机械事业部和智能电气事业部"三驾马车"独立运行的格局。

智能机械事业部的工业机器人和自动化项目，是公司转型产业的重要组成部分，这一项目能否培育起来，关键取决于组成工业机器人本体的减速机、控制器和驱动器及伺服电机的自主研发能否取得突破。工业机器人相当于手功能的延伸，但要实现自动化，则还要赋予其"智慧"。具体来说，当一个机器人在一条流水线上作业时，机械臂如何运动、用多大的力量和多快的速度，都需要"大脑"来加以控制。实现机器人完全自动化作业，其实也是"制造"向"智造"的一个转变。

（三）差异化开发新兴市场　采取"一国一策"策略

不同国家的市场需求是不同的，钱江摩托就考虑到了市场的差异性。对中东、埃及等市场的消费者来说，由于当地石油资源丰富，他们不会考虑油耗的问题，但考虑到中东地区风沙大的关系，钱江摩托特地对进气、排气系统的防尘功能进行了强化，以充分适应当地市场，满足其差异化需求。而在东南亚，钱江摩托重点推出的是大排量摩托车。在东南亚，日本企业是钱江摩托最大的对手。东南亚是日本本田摩托的生产基地，其 90% 以上的摩托车市场都被日本企业占据。在印度，其本土企业走的是量大价低的路线，但钱江摩托不同，钱江摩托先是用高端产品打开印度市场，打出品牌，再逐步推进中低端产品。钱江摩托通过合作的方式，与印度企业进行深度交流，比如帮助当地的企业建厂，派遣工程师直接进驻印度企业，在技术、生产线、厂房设计等多方面进行深度合作，换取当地更广阔的市场。

（四）借力打力　以强制强

钱江摩托在摩托车外观及工程设计、发电机的核心研究开发领域积极与世界制造业各专业领域的著名设计技术公司合作，通过合作积极开发各种具有自主知识产权的产品。法国现代发动机设计公司是一家有着与多国开发合作经验的设计公司，钱江与法国现代公司合作，不仅联合开发了发动机，同时法国现代还帮助钱江集团提高制造技术，使整个制造技术与国际最先进的发动机制造企业相媲美。BLUESKY 公司是澳大利亚乃至世界最负盛名的外观造型设计公司，曾主导设计了悉尼奥运会开幕式火炬装置。钱江与该公司合作，开发了各式各样的面向国内外市场的最新流行趋势车型，同时在合作的过程中，钱江也掌握了与世界同步的摩托车外观造型理念。

（五）收购意大利百年摩托车企业贝纳利　助攻中大排量市场

Benelli（贝纳利）公司成立于 1911 年，位于意大利佩萨罗市，是世界上历史最悠久的摩托车制造商之一，也是意大利最早的摩托车制造商，在欧洲有很好的品牌知名度，其产品涵盖 400~1130 毫升的大排量跑车、街车和巡航车，这些产品在意大利、德国等有着较强的市场竞争力，并有一定的销售业绩和可观的利润。该公司有深厚的技术积累和经验，有一批稳定和经验丰富的工程技术人员。

2005 年 10 月，中国钱江摩托以 7000 万美元的价格成功收购这家意大利百年摩企，这是中国摩托车行业在欧洲收购著名摩托车企业的第一家，也是中国机械行业真正实现跨国收购欧洲企业的第一家，填补了中国大排量高档摩托车、赛车等车种上的空白。收购贝纳利后，钱江摩托不仅拥有了欧洲知名品牌掌控权，还引进了先进的设计理念和制造标准

Benelli 产品在品类上非常丰满，主要以 TRK、LEONCINO、xx、魔鬼 S 系列为典型的产品系列，Benelli 的产品线也在不断向两端延展，以丰富的产品线配置满足广大中国消费者需求。同时钱江摩托也将会有越来越多的新产品上市，特别是踏板车和新能源摩托车产品，将是钱江下一阶段研发投入的重点。此外，钱江正着眼于新技术在摩托车上的应用、产品的通用化和轻量化发展，围绕不断提升"用户响应力"来打造爆款产品和明星产品。在小排量领域，钱江充分借鉴、吸收欧洲摩托车工业设计的精髓，产品设计具有明显的欧洲风格，更时尚运动，走出了一条异于日系小排量摩托车设计风格的道路。

（六）一体化的高标准制造体系和品控体系

自 2016 年吉利集团控股以来，在品质控制、现场管理等方面给钱江带来了全新的理念和要求，以汽车行业的严苛标准打造精品摩托车，提升产品力。董事长余瑾强调，要持续灌输先进的制造理念、品控理念，既要通过持续的研发保持产品的未来性、延续性，又要守住质量底线，将吉利汽车的品控体系全面导入到摩托车的生产制造中来，将钱江、贝纳利塑造成和沃尔沃一样令人放心的品牌。自钱江摩托打造一体化的高标准制造体系后，钱江摩托生产出的摩托外观更具有质感和光泽度。同时，小排量摩托车的品质管控更为

精准，钱江摩托在零部件采购、产品检测体系等方面进行了严苛的控制，比如发动机传动齿优化，钱江摩托不断尝试国内外顶尖齿轮企业以达到齿轮精度，并有效降低了齿轮噪声，从而降低了齿轮冲击力等一系列不良影响。

（七）优化供应商　为产品品质赋能

对于汽车行业来说，摩托车85%的质量问题都来自零部件问题，选择合适的零部件对保证产品质量起到至关重要的作用。钱江摩托通过引进优质、淘汰落后、快速提升三个步骤全面提升供应商体系，也从根源上提升了产品的一致性。

（八）与哈雷公司签署合作协议　拓展亚洲市场

哈雷摩托是由哈雷戴维森摩托车公司（Harley-Davidson Motor Company）生产的摩托车品牌，创始于1903年，被誉为全球十大著名摩托车品牌之一，由威廉·哈雷（William Harley）和戴维森（Davidson）三兄弟在密尔沃基创建。2005年，哈雷摩托便在上海成立办事处，进入中国市场，2019年6月19日，钱江摩托与哈雷摩托签署了一份长期合作协议，共同开发优质摩托车。

这一合作结合了哈雷戴维森在业界的全球领先实力以及钱江摩托的专长，双方将共同在中国市场推出338毫升排量高端小排量车型先行销售，并陆续向亚洲其他市场推出。钱江摩托拥有高端中小排量摩托车方面的制造经验，建有成熟的生产制造基地，在新兴市场优势突出，能很好地满足当地消费者的需求，而哈雷公司把持着经销渠道，双方合作实现优势互补，技术上合作升级，不断提升企业影响力。钱江摩托国际化重大事件如表4-2所示。

表4-2　钱江摩托国际化重大事件

年份	重大事件
1997	钱江摩托集团有限公司率先在同行业通过德国T&Uuml；VISO9001认证
1999	①设立上市公司——浙江钱江摩托股份有限公司 ②"钱江摩托"股票在深圳证券交易所挂牌上市交易 ③钱江摩托引进美国航天减磨技术，推出耐磨发动机 ④KEEWAY（凯威）公司在匈牙利组建成功，并正式开始在欧洲销售"钱江"产品

续表

年份	重大事件
2004	钱江 QJ50T-22 赢得德国慕尼黑国际摩托车展新产品外观设计第三名
2005	成功收购意大利百年摩托车制造企业 BENELLI（贝纳利）
2016	钱江将钱江投资所持股份 13500 万股转让给浙江吉利控股集团所有
2019	钱江摩托与哈雷摩托签署了一份长期合作协议，共同开发优质摩托车

三、钱江摩托国际化经营情况

（一）产品转型成效显著

2016 年开始，在出口的摩托车产品中，中大排量车型的比例显著上升，近几年这样的趋势更加明显，这说明国内企业出口正在向中高端产品与个性化车型转型。从数据来看，200 毫升以上的车型同比增长较快，250~400 毫升排量车型的同比增幅甚至达到了 100% 以上。

（二）欧洲市场、东南亚市场取得了迅速突破

外销重点关注的东南亚和欧洲国家，如菲律宾、马来西亚、意大利从市场突破期进入市场夯实期，建立了一批稳固的出口市场基地。2018 年出口欧洲整车数量较 2017 年同比增长 25.51%，为实现"重返欧洲"战略开创了一个良好的开端；东南亚市场同比增长 50.6%；南美市场除阿根廷遭遇货币危机略有下降外，其他都有不同幅度的增长。

（三）250 毫升及以上大排量摩托车销量大幅增长

2018 年出口大排量车型近 40000 台，较 2017 年同期约增长 25%。立足于差异化产品竞争策略，对标日本以及欧洲高端竞争对手，公司相继推出 750 毫升、600 毫升、500 毫升、300 毫升、250 毫升等大排量车型，丰满了大排量产品线，在意大利、西班牙、法国、英国和葡萄牙等市场的销量、渠道和品牌建设都得到了较大进步，市场占有率显著提升。TRK502 在意大利连续 3 个月登上跨骑车类别销量第一名，品牌知名度和品牌文化得以更广泛地传播。

（四）深化储运方案的设计和执行，优化内部操作程序

钱江摩托利用本地海关一体化报关优势，大麦屿港区、龙门港区与宁波港航班的便利条件以及台州海铁联运新物流运营模式，大幅降低库存压力、运输成本。配合工厂"1+3"等产销协调机制，使出口集装箱待时费、停空费、放空费等费用得到大幅下降，提升效率的同时，提高客户满意度。

由于国内市场的挤压，国际市场成为诸多摩托车生产企业的主要增量来源，摩托车企业对出口的依赖性进一步增强，国外政治经济形势的变化对我国摩托车行业影响较大。2019年面对更加动荡不安的政治局势和不容乐观的金融局势，海外市场整体存在较大变数，但东南亚、非洲、南美等新兴市场的巨大容量，使其成为争夺焦点。从近年数据来看，休闲娱乐大排量摩托车出口增速明显，这也成为国际摩托市场的竞争高地。公司前期对东南亚、欧洲等市场的开拓，以及大排量摩托车的品牌、技术优势，将为公司国际市场的发展带来良好的可能性。

四、钱江摩托国际化核心逻辑

（一）科学技术是第一生产力

随着全球化进程的加快，封闭式的创新模式局限性日益凸显，作为"迟暮"产业，摩托车行业又受到了国内市场的挤压，2014~2016年连续三年钱江摩托车产量不断下滑，持续经营的压力让公司陷入了困境，而欧洲市场对新兴产品的巨大需求让钱江摩托看到了未来发展的方向——走高端产品路线。贝纳利的三汽缸发动机技术在当时是十分成熟的，钱江摩托根据设计和运营模式优势，结合贝纳利的先进技术，迅速地抢占了欧洲市场，也提升了钱江摩托的盈利水平。

同时，Benelli基于多年小排量发动机历史，专门为全球BENELLI中小排量研发推出的"BMT动力平台"，实现更高的动力性能，更强的耐久性、经济性等指标，并全面运用在钱江摩托上以及贝纳利的高端个性化小排量车型上。BMT动力平台通过高压缩比和高能点火，来实现稀薄燃烧，显著提升小排量摩托车发动燃烧效率，确保高功率和低油耗，同时运用四气门高效进

排气和高效散热设计，避免发动机爆震，并融合钱江耐磨的优良传统，实现BMT动力平台高耐磨，确保使用寿命。

（二）一体化的制造体系是企业发展的内核

自从吉利集团以10亿元收购钱江摩托后，给钱江更大的底气实现一体化的高标准制造体系，先后投入重金对部分生产线、设备进行了更新换代，比如幼狮250上市时就让人明显感觉到漆水更好了，非常有质感和光泽度，这其实就是钱江摩托新上的涂装生产线的功劳，全面使用热辐射烘干工艺和机器人喷涂。与此同时，有了贝纳利的热销，高标准的大排量制造体系很自然地也运用在钱江小排量制造上。比如，对发动机箱体、缸头发动机大件的精加工，其主要工序就是钻孔，钱江小排量和贝纳利大排量的大件加工都在同一个车间，且加工精度都是0.05丝，小排量原来是不需要这个精度的，但现在也都统一起来了。为确保这一精度，新购了11台牧野加工中心（世界顶尖的加工中心品牌，每台200多万美元）。钱江发动机大件厂车间主任干先生说："他们的精度都是一样的，但牧野的优势是加工速度更快，带有光栅尺，每次加工完，就能立刻检测孔位精度，一旦有误差就会自动报警、停机，提醒操作人员调整工件、清理铁屑，同时一旦刀具走位精度不达标也会报警。台中精机没有这么高的自动化，但目前在摩托车行业的机加工设备里，也还是主流水平。"系统变严苛了，产品质量也提高了，生产产品的时间也大大缩短，钱江摩托一体化的系统也有了巨大的提升。

（三）调整结构　突围海外市场

浙江钱江摩托进出口有限公司副总经理桂明表示，他们对产品分为三大块：一是竞争性产品，二是主流产品，三是高端产品。三大块产品根据每个海外市场当地国情进行配置定位，对于竞争性产品，首先要占领，结合当地消费水平，在价格上给出绝对的竞争力，竞争性产品主要职能是充量，不作为主要利润点。对于主流产品，以扩大市场占有率为主，同时能够维持工厂和经销商的利润。对于高端产品，像200毫升排量以上的，200毫升排量到600毫升排量的是钱江摩托的高端产品，这个是既赚利润又树品牌的。

而为了增加品牌竞争力，钱江摩托对于海外合作伙伴的关系定位已经不局限于简单的买卖双方关系，而是将合作深度渗透到技术、销售、财务等每个环节，帮助合作方提高竞争力。比如在埃及市场，钱江摩托提出来的方案是以"技术换市场"，帮助埃及去建厂，帮助他们去采购这种设备，我们派人专门帮他们进行一些技术培训，使某些零件可以本地化生产。正是这种灵活的结构模式，帮助钱江摩托在海外市场上游刃有余。

资料来源：毛敏敏：《钱江摩托——战略转型，五年打造百亿钱江》，《台州日报》2018 年 2 月 23 日，第 3 版；曾剑：《哈雷摩托与钱江摩托合作　温岭工厂组装车最快明年面世》，《每日经济新闻》2018 年 6 月 20 日；集团官网以及年报整理而得。

 经验借鉴

"昂昂钱江志，不屈钱江人"类似的故事每天都在全球市场上演，也是钱江摩托营销铁军的真实写照。巩固发展中国市场、快速发展海外市场是钱江摩托的既定战略方针。简单来说，钱江摩托国际化经营的主要经验有：①创新驱动科学技术发展。随着全球化进程的加快，封闭式的创新模式局限性日益凸显，作为"迟暮"产业，摩托车行业又受到了国内市场的挤压，2014~2016 年连续三年钱江摩托车产量不断下滑，持续经营的压力让公司陷入困境，而欧洲市场对新兴产品的巨大需求让钱江摩托看到了未来发展的方向——走高端产品路线。贝纳利的三汽缸发动机技术在当时是十分成熟的，钱江摩托根据设计和运营模式优势，结合贝纳利的先进技术，迅速地抢占了欧洲市场，同时提升了钱江摩托的盈利水平。②一体化的制造结构铸就企业发展内核。自从吉利集团以 10 亿元收购钱江摩托后，给钱江更大的底气实现一体化的高标准制造体系，先后投入重金对部分生产线、设备进行了更新换代，比如幼狮 250 上市时就让人明显感觉到漆水更好了，非常有质感和光泽度，这其实就是钱江新上的涂装生产线的功劳，全面使用热辐射烘干工艺和机器人喷涂。与此同时，有了贝纳利的热销，高标准的大排量制造体系很自然地也运用在钱江小排量制造上。③调整产品结构，增加品牌竞争力。钱江摩托对产品分为三大块，一是竞争性产品，二是主流产品，三是高端产品。三大块产品根据每个海外市场当地国情进行配置定位，对于竞争性的产品，首先要占领，结合当地消费水平，在价格上给出绝对的竞争力，竞争性产品主要职能是充量，不作为主要利润点。对于主流产品，以扩大市场占有率为主，同时能够维持工厂和经销商的利润。对于高端产品，像200毫升排量以上的，200毫升排量到600毫升排量，这个是既赚利润又树品牌的。④利用报关优势，降低库存压力。钱江摩托利用本地海关一体化报关优势，大麦屿港区、龙门港区与宁波港航班的便利条件以及台州海铁联运新物流运营模式，大幅降低库存压力、运输成本。配合工厂"1+3"等产销协调机制，使出口集装箱待时费、停空费、放空费等费用得到大幅下降，提升效率的同时，提高客户满意度。⑤收购海外企业，进军东南亚市场。钱江摩托在摩托车外观及工程设计、发电机的核心研究开发领域积极与世界制造业各专业领域的著名设计技术公司合作，通过合作积极开发各种具有自主知识产权的产品。钱江摩托与法国现代公司合作，不仅联合开发了发动机，同时法国现代还帮助钱江集团提高制造技术，使整个制造技术与国际最先进的发动机制造企业相媲美。

 本节启发思考题

1.如何减少出口集装箱停空率?

2.如何进行对产品赋能?

3.如何提高差异化经营水平?

4.高端市场对摩托车制造企业有什么意义?

5.人工智能对摩托车制造业有什么影响?

6.海外市场对企业创新有何助益?

第五节　浙江海正药业股份有限公司案例研究

 公司简介

　　浙江海正药业股份有限公司（以下简称海正药业）始创于 1956 年，位于中国东南沿海的港口城市——浙江省台州市是一家集研产销全价值链、原料药与制剂一体化、多地域发展的综合性制药企业。根据中国证监会颁发的《上市公司行业分类指引》（2012 年修订），公司所处行业为医药制造业（C27）。公司主营化学原料药和制剂的研发、生产和销售业务，具体包括：原料药以外销和合同定制生产两大模式为主，销售市场以欧美规范药政市场为主的化学原料药业务；涵盖抗肿瘤、抗感染、抗结核、保肝利胆等治疗领域，自有品牌制剂的销售以国内市场为主，并逐步开拓国际市场的国内制剂业务；管线产品涵盖自身免疫疾病、抗肿瘤、糖尿病等治疗领域的生物药业务和全资子公司省医药公司从事第三方药品的纯销、分销及零售业务的医药商业业务。

　　经过多年的发展，海正药业已成为一家主营抗肿瘤、抗感染、心血管、内分泌、免疫抑制、抗抑郁、骨科等领域的原料药、制剂研发、生产和销售一体化的综合性制药企业。其 80% 的原料药收入来自海外市场，出口覆盖全球 70 多个国家和地区，与全球前十大跨国公司保持商务、技术、项目及战略合作。国内制剂销售网络覆盖全国，医院拥有量超过 5000 家。公司先后获得"国家高新技术企业""全国五一劳动奖状"等荣誉，入选国家首批"创新型企业""国家知识产权示范企业"。

 案例梗概

1. 海正药业依靠产品结构和药政注册优势进行产品出口。

2. 建设专业国际营销团队，实施客户全供应链服务战略。

3. 确立 cGMP 理念、EHS 体系和国际化项目管理综合能力。

4.与美国雅来公司签署合作协议，进入欧洲市场。

5.探索新合作模式，创立"自主品牌制剂新商业模式"。

6.与辉瑞联合创立公司，开启联合技术开发。

关键词：全供应链服务；联合技术开发；药政注册优势；企业并购；EHS 体系

 案例全文

一、海正药业国际化背景

世界经济的发展、人口总量的增长和社会老龄化程度的提高，导致药品需求呈上升趋势，全球医药市场近年来持续快速增长。2016 年，中国制剂销售额约为 5508 亿元（830 亿美元），为仅次于美国的全球第二大市场，占全球市场份额 8.2%。[①]

"十一五"期间，我国医药制造业发展较快，规模以上医药制造业主营业务收入复合增长率为 23.31%。进入"十二五"后，医药制造业的增速逐渐放缓，但仍然保持增长势头。2017 年 1~9 月医药制造业实现主营业务收入 21715 亿元，同比增长 12.1%，实现利润 2420 亿元，同比增长 18.4%，与 2016 年同期 10.0% 的收入增速和 13.9% 的利润增速相比均有明显提升。

随着国内与医药相关的各项"十三五"规划加速落地执行，国内制药企业分化加速的趋势已进入常态化。在环保、安全等监管改革持续倒逼，人民生活水平不断提高、人口老龄化趋势日益明显、人们健康意识不断提升，以及居民健康投入持续加大的大环境下，未来医药市场的资源将逐渐向创新药或高质量仿制药集中。医药的市场需求是一种刚性需求，我国人口众多，人口老龄化带来的药品潜在需求增加，经济发展带来的社会保障水平和居民购买能力的提升，是药品市场扩张的源泉。在国家政策引导下，医药行业的市场规模将进一步增长。

---

① 数据来源于 IMS。

二、海正药业国际化实践

海正药业在原料药合同生产业务承接跨国公司项目转移过程中确立了cGMP 理念、EHS 体系和国际化项目管理等综合能力，并且与国际大公司合作创立了全新的"原料药盈利模式"。而原料药向下延伸的产品链制剂业务是公司产品与产业结构调整的重要举措，其中，国内制剂业务已然成为公司重要的板块。国际制剂业务方面也探索新的合作模式，通过与国外客户合作进入欧盟市场，创立了"自主品牌制剂商业新模式"。

（一）推进国际客户关系管理，强化国际营销执行力

为了实施客户全供应链服务战略，做采购的提供商和全球配送服务商，海正药业的国际营销团队在稳固现有客户的基础上有计划、有目标地开发新客户、新市场，对关键客户和战略性客户，实现多品种合作。以辉瑞药业（美国）有限公司为桥梁，建设多层次的营销体系，负责开发国际市场，尤其是规划欧洲和北美市场的制剂开发业务。公司的中长期目标是将制剂打入国际市场，建立自有的营销网络，跟美国知名经销商合作，实现公司自有制剂与美国的药房、医院以及大的经销商的合作。

（二）布局延伸业务线，抓全球产业机会

公司以"宽领域，大纵深"全球化发展战略：从原料药向高端制剂转型，从化学药向生物药转型，从仿制药向自主创新转型。经过多年的持续努力，2011 年与多国跨国制药企业签订了 4 个产品的转移生产合同，并以原料药的制定为开端，与跨国制药企业逐步建立了包括产品共同研发、市场开拓等多层次的合作关系。同时在 2011 年，为进一步发挥公司在原料药、仿制药领先的研发、生产制造以及国内市场的知名度优势，与辉瑞公司共同投资设立合资公司，利用辉瑞在全球的品牌认知度和全球制剂产品强大推广能力的优势，合作生产高质量的药品，通过全球的销售和营销平台实现有关药物更广泛的商业化以及研究和开发专利到期药物。不断寻求新的合作模式、合作伙伴，通过与境外品牌仿制药制剂工厂的合作，更快地进入市场，抢占先机，获得更多的份额。

（三）提升研发水平，开展自主国际注册

研发与知识产权等核心竞争优势得以进一步巩固。仿制药研发：公司依托特色微生物发酵及半合成、分子改良、手性催化、色谱分离、杂质鉴定与分离等关键技术，拥有 100 多个首仿产品，2010 年完成了 12 个避工艺专利产品的开发，同时完成 8 个大品种的技术改造，确立符合 cGMP 的质量标准、质控指标、EHS 要求的品种优势地位。国家级专项：公司成功进入"中国万种微生物基因组计划"，并参与和牵头建立了 7 个产学研技术创新联盟，承担国家重大新药创制专项共计 15 个，其中 2010 年获批"十二五"第一批专项支持 5 个。2010 年公司圆满完成 5 个国家级专项的验收工作。创新药：完成 500 个化合物的药效筛选和 10 个候选化合物的药理研究；申请国内国际化合物专利 5 项；有 3 个新药今年有望申报临床试验。"亚胺培南—西司他汀钠酶法合成工艺" 2010 年荣获国家技术发明二等奖。生物催化技术达到国际领先水平，荣获中国化工协会科技进步一奖，是公司生物催化关键技术的最高体现。"阿卡波糖制备工艺专利"获"中国专利优秀奖"。

（四）合资经营，提升效率

从 2006 年 6 月，海正药业和美国雅来公司签署万古霉素生产合作初步协议，到 2010 年与其他企业联合设立美国公司。海正药业与国外客户通过合作的模式进入外国市场。并且通过资本合资来带动技术上的国际化合作，技术进步之后，进一步引进消化和与国外大公司的联合技术开发。

三、海正药业国际化经营情况

（一）国外业务占比显著增加

海正药业在 2017 年实现实际主营业务收入 103.44 亿元，比 2016 年增加 7.72 亿元，增长 8.07%，原料药和制剂均实现较快增长。其中，国内市场实现营收 958576.17 万元，其中通过外贸公司进口销售收入 75850.29 万元。主要供应商和销售客户均来自外国（见表 4-3）。

表 4-3　2017 年海正药业财务状况

区域	营业收入（万元）	营业收入比上年增减（%）
国内	958576.17	8.15
国外	95850.29	7.05

（二）研发成长

海正药业坚持创新驱动，布局创新格局，多年来获得多个 FDA 批准。同时，在研发上投入较大，根据 2017 年数据，其研发投入 8.44 亿元，占销售收入的 7.99%；全年共获得 9 个品种 18 个临床批件（其中生物药 2 个品种 3 个批件），新增申报临床 4 个（其中生物药 2 个）。

生物药方面，海正药业首个生物药上市产品安佰诺于 2017 年 8 月通过技术审评后第一时间进行二合一现场核查，并于 2018 年 2 月获得补充申请批件和 GMP 证书；同时开启了多个临床研究。海正在大分子药物领域也建立了具有较高竞争力的产品梯队，同时启动创新生物药平台的建设。创新药方面，海正通过引进专业人才、强化目标管理等方式持续推进创新药的临床研究。管线产品中创新药临床研究也正在投入进行。

（三）营销体系完善

在经历了 2016 年 FDA 检查不合格风波之后的海正药业，在 2017 年又迎来了浙江省两票制实施的元年，省医药公司积极调整业务架构和人员配置，创新业务模式。面对公立医院终端覆盖率不低于 30% 和医院调拨业务不能继续开展等诸多政策挑战，以及海正产品线从公司转移至海坤医药有限公司等变化，2017 年，省医药公司新增公立医疗机构终端 291 家，覆盖率上升 7 个多百分点。其中，零售及分销业务转型升级，主抓品牌 OTC 厂家，借力连锁联盟，开发第三终端市场，销售额同比增长 45.7%。在省内率先实现了多仓联动，解决了公司在舟山地区的医院开发和配送问题。新增全省配送授权品规数千个，丰富了公司的产品线，优化了产品结构。建立了省内零售终端销售和基层医疗机构销售两个团队，承接上游厂家的产品销售，提供增值服务，增强业务黏性。2018 年，省医药公司将在医院及零售终端业务继续开拓市场、深耕业务，优化结构，提升质量。

（四）中外合资公司海正辉瑞的发展

2017 年在保持业绩平稳增长的同时，海正辉瑞在实现了"两票制"下，公司业务平稳运行，通过发挥产品线优势，打造高端抗生素的品牌形象，快速地恢复了特治星市场，实现全年 IMS 整体市场排名较 2016 年同期上升 6 位。与此同时，海正辉瑞富阳工厂口服制剂"零缺陷"通过了 FDA 审计，完成了母公司海正药业美国市场的厄贝沙坦供应，并且实现了厄贝沙坦片 3 个品规首批通过仿制药质量和疗效一致性评价，获得了辉瑞高品质药"玫满"的所有权，抗肿瘤小容量注射剂也通过了杭州药监局飞行检查。

同时，海正辉瑞通过了"高新技术企业"的认定，以及获得富阳区战略性新兴产业十强企业、2017 年跨国公司在华公益贡献奖、2017 中国化学制药行业工业企业综合实力百强、2017 中国化学制药行业儿童用药优秀产品品牌（艾诺宁）、2017 中国化学制药行业抗肿瘤和免疫调节剂类优秀产品品牌（艾达生）等奖项。

2018 年海正辉瑞将继续提升内生增长效率、夯实长远发展基础和寻求外生增长机会来确保公司业绩的平稳增长，优化现有各产品线投入方式及资源配置，实现销售收入、营销能力和推广运营效率的大幅提升，全面推进辉瑞产品的地产化项目，继续推进一致性评价等研发项目进展，加快信息化基础建设，通过优化资源配置及产品生命周期管理来支持公司中长期发展。

四、海正药业国际化核心逻辑

（一）利用低成本优势，实现产业升级

在经济全球化的背景下，国际间的研发、生产协作加强，众多制药企业选择研发外包（CRO）和生产外包（CMO），以实现节约开支、分散风险和提高效率。根据 2010 年的数据，在当时，全球研发、生产外包规模已经达到 660 亿美元左右，并将持续增强。临床资源丰富、科研基础较好、制造水平、成本低的发展中国家成为跨国制药企业实施研发外包和生产外包的重要市场。

海正药业定位于规范市场的、由专利过期药拉动的原料药出口企业，未来将定位于国际的通用名药（制剂）生产商，利用其自身全面低成本优势，

实现产业升级。

（二）"执着药品创新，成就健康梦想"

而海正药业依据其公司的中长期战略目标，深刻把握政策、市场机遇，在公司优势原料药的基础上向制剂延伸，立足国内制剂市场的同时积极开拓国际制剂市场，加快经济增长方式转变，逐步积累和提高核心竞争力，为公司中长期发展奠定良好的基础。

海正药业瞄准国际先进水平，加强新技术、新工艺、新装备的开发与应用，以自主研发和引进吸收再创新组合，加大技术改造力度，显著提升制药的生产水平。积极发展化学原料药清洁生产和节能降耗技术，推广应用新型制剂技术。"十二五"期间，海正在全面释放"十一五"产品和产能储备并延伸到市场经营的基础上，完成从"国际原料药工厂"转型为"品牌仿制制药公司"。海正药业以"执着药物创新，成就健康梦想"为使命，以"成为广受尊重的全球化制药企业"为愿景，将优化投资质量和投资效益，定位创新国际经营，差异化实施全球化发展战略，按板块充足业务体系，实施专业化经营战略。以国际原料药促进国际制剂；通过制剂（做强）延伸创新药物（做久），建立"平排仿制药及创新药板块"，以市场网络和品牌促进创新药；以投资、治疗领域和核心能力推动生物制药；通过市场化国际流通国际网络（做强）创立"商业流通板块"，以工业转型商业，以商业服务工业；通过投资和知识产权（座高）建立"投资培育新兴业务板块"，以高端优势培育新兴增长领域。

资料来源：康义瑶：《恒瑞模式＆海正模式　中国药业的国际化之旅》，《医药经济报》2012 年 1 月 3 日，第 1 版；沈斌：《借船出海：制剂国际化新的战略探索》，时代方略网，2018 年 1 月 16 日；海正集团官网以及年报整理而得。

 经验借鉴

一、采用国际先进的装备

海正药业采用国际先进的隔离器生产装置，过滤器完整性检测装置、自动进出料系统、外包装联动线 200 瓶／分钟，全程实现人药分离，以解决药品对员工的污染，保障员工身体健康，同时确保了药品质量。实现了无人工干预、药品完全独立的生产环境，从而确保产品质量达到真正意义上的无菌；设备选型考虑了风险管理的理念，尽量采用了自动化控制，如冻干机自动装卸料系统、灌装机在线称重系统、CIP/SIP、在线粒子监控、在线电导率检测等；实验室设备采用了配有 Empower 服务器的 Waters 高效液相色谱、Sotax 全自动溶出仪、配有实时温度和湿度记录仪的 Binder 稳定性试验箱（有远程报警）、无菌检验用隔离器等。

二、工艺技术先进

注射用水系统装有在线电导率、在线 TOC 监控、超标时系统自动排水及自动重新制水等先进自控装置；配液系统带有在线称重、在线 pH 计、在线电导率仪等，抗肿瘤药配液系统采取隔离器（ISORATOR）技术，实现人药分离；Bosch 灌装线全部采用 O-RABS 和隔离器（ISOLATOR）技术，从隧道出瓶后至灌装，冻干机自动进出料，全部在 A 级层流保护下进行，压盖在 C 级背景下的 A 级送风环境；人员通过手套箱操作，有效避免了人员干扰的污染；层流内装有 PMS 自动在线粒子监控仪和在线浮游菌采样仪，实时监控层流内的洁净状态，有报警装置；Bosch 在线装量控制系统；在线清洗/在线灭菌（CIP/SIP）；数据采集与监视控制系统（SCADA System）；GEA 冻干机；过滤器在线完整性测试；自动进出料系统（ALUS）；数据采集与监视控制系统（SCADA System）；在线清洗/在线灭菌（CIP/SIP）；在线电导率监测；等等。

三、高质量管理技术体系

海正药业的生产线按照中国新版 GMP、FDAcGMP、EUGMP 的标准设置，结合 ICH 指南和 ISO9001 进行综合考虑，同时融入国际最先进的 EHS（环境、安全、健康）标准进行 GMP 工艺设计和验证。重点加强出口制剂的 GMP 认证和工艺验证。按照国际工艺优化与工艺验证标准进行工艺放大、工艺再优化确定。

四、建立一批符合国际标准、清洁生产的 EHS 体系

硬件建设的高标准配置，关键装备全部进口，工程建设全过程始终遵循国际先进的管理理念，尤其贯穿着 EHS（环保、健康与安全）一体化理念，对环境影响的评估、监测和设计采用了严格举措，在建设生产基地的同时，为构筑市场、质量与成本的竞争优势，以科研技术拉动产业化生产。

本节启发思考题

1. 什么是价值链管理?

2. 如何提高国际营销执行力?

3. 制药企业如何让产品保持在行业质量标准之上?

4. 中国制药企业"低成本"扩张模式的优劣有哪些?

5. 你认为并购对跨国药企有哪些作用?

6. 明星产品对企业发展的作用有哪些?

7. 如何减少在企业国际化过程中的信息传递偏差?

8. 制药企业在业务线布局时应该考虑哪些因素?

专题二 技术国际化企业发展路径分析

以技术能力提升为主要动机的国际化企业，基于对自身技术"瓶颈"和全球技术布局的判断，通过海外并购快速实现新技术的突破以及联合研发。通过设计海外研发中心、办事处、代理机构以及海外并购等方式逐步形成其技术国际化发展过程（见图4-4）。与市场国际化企业相同，海外标的来源缺失，导致在信息收集、筛选、对接过程基本依靠企业自身资源、海外华人、留学生等个体资源，尚未形成完善的标的信息供给及对接平台，导致企业在海外并购过程不断拉长。技术融合过程通过营造尊重、互信的企业文化，增强母公司与海外子公司的文化融合工作；通过建立多地协同研发平台，加快技术迭代。

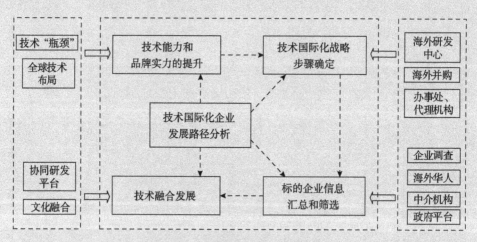

图4-4 技术国际化企业发展路线

第五章

浙商企业资本国际化管理经验案例研究

第一节　标杆案例——复星集团

 公司简介

　　复星集团（以下简称复星）创建于 1992 年，作为一家致力于成为全球领先的专注于中国动力的投资集团，复星先后投资复星医药、复地、豫园商城、建龙集团、南钢联、招金矿业、海南矿业、永安保险、分众传媒、Club Med、Folli Follie、复星保德信人寿等。2007 年，复星国际 (00656.HK) 在香港联合交易所主板上市。截至 2018 年 6 月 30 日，复星集团总资产超过人民币 5600 亿元（约合 850 亿美元）。复星植根中国，深耕健康、快乐、富足领域，通过科技引领、持续创新，智造 C2M（客户到智造端）幸福生态系统，为全球家庭客户提供高品质的产品和服务，位列 2018 福布斯全球上市公司 2000 强榜单第 416 位。

　　在全球能力的打造上，复星很早就开始布局。要在全球进行投资，就要在全世界找到有价值的企业，并且有能力评估、评价其在全球的价值。复星现在纽约、中国香港、澳洲、日本、欧洲等地都已有或正在建设投资团队，在建设自己的投资网络体系的同时，复星也在寻求战略合作，跟全世界私募基金、PE 行业前两名的公司美国凯雷进行了战略合作，同时在中国成立了凯雷复星基金；在全世界融资能力建设方面，复星的第一个伙伴是美国的保德信金融集团。保德信是美国第二大寿险公司，也是全球前五大寿险公司。保德信成为复星第一个海外的 LP（有限合伙人），一次性出资 5 亿美元由复星管理；在国外的主流媒体方面，复星选择跟《福布斯》合作，共同出版中文《福布斯》。

案例梗概

1. 提出全球化发展战略，通过投资品牌帮助企业进入市场。

2. 收购地中海俱乐部 10% 的股权，顺势成为地中海俱乐部的第一大股东。

3. 设立高管激励计划，通过利益的捆绑调动管理人员的积极性。

4. 完善"仿创结合"的药品研发体系，建立高效的国际化研发团队，形成全球联动的研发体系。

5. 投资补强产业，通过注入资本帮助企业扩张。

6. 整合全球供应链，并纳入复星的全球供应链系统，提升管理效率，降低采购成本。

关键词： 全球化战略；产业运营；资源整合；跨境投资；资本

案例全文

一、复星全球化背景

海外市场环境充满了风险和不确定性，一家中国企业要实现全球化绝非一蹴而就。复星亦是如此，通过不断地探索和学习才一步步走到了今天。

复星国际于 2007 年在中国香港上市，是复星全球化的开端。香港交易所作为一个对接全球资本市场的平台为复星开启了多元化的海外融资渠道。同时，在香港交易所的上市规则下，复星国际严格采纳香港财务报告准则，将自己完全呈现在全球投资者的眼前。这种开放的心态为之后的海外拓展打下了基础。

复星当时全球化的动机主要有两点：第一，复星判断中国的经济增长即将进入一个新的阶段，重化工业高速发展的红利正在消退，与中国内需消费升级相关的产业将迎来高速增长。第二，复星长期看好中国成为全球最大的消费市场，"水大鱼大"，中国在未来很可能成为世界第一。海外有大量的优质品牌和产品尚未进入中国市场，复星可以通过投资这些品牌帮助它们进入中国市场，这些品牌就有望成为世界最大的品牌，创造比原来大得多的价值，即"中国动力嫁接全球资源"。

2007 年复星提出全球化发展战略，但同年美国爆发了次贷危机。这场危机迅速蔓延至全球，美国金融危机和欧债危机紧随而至。这场持续了数年的危机导致美国和欧洲大量资产估值的回调，由此产生了大量价值精配的投资机会，这对有意向海外发展的复星来说，无疑是天赐良机。

然而，尽管彼时的海外投资机会不少，复星作为海外市场的"新学生"，却面临着找标的难，给标的估值更难的境地。它急需一些海外的合作伙伴把自己引进门。2010 年初，美国前财长约翰·斯诺担任复星顾问，分享他在世界 500 强企业和政府部门高级行政工作的经验。同年，复星又与全球领先投资集团——凯雷投资集团在全球展开战略合作，共同聚焦中国经济高速增长所带来的机会。

通过与这些全球领先的企业与个人进行合作，复星不断学习，开始在全球化投资、融资、运营管理、人力资源等各方面向国际一流企业对标、学习，逐步向成为一家全球化企业迈进。

二、复星国际化实践

（一）标的公司

复星的"中国动力嫁接全球资源"模式的第一个案例是地中海俱乐部（Club Med）。复星于 2010 年开始投资的法国旅游度假连锁集团——地中海俱乐部，该项目是其有史以来第一笔真正意义上的海外投资项目，这个项目之后成为复星全球化的经典案例。

Club Med，在法国成立于 1950 年，中文名为"地中海俱乐部"，是目前全球最大的旅游度假连锁集团，一共拥有遍布全球 5 大洲 30 个国家的 80 多座度假村，其醒目的海神戟标志已经遍布全世界最美丽的角落。地中海俱乐部在 2010 年就已在超过 40 个国家拥有度假村，地理位置均较为优越，在亚洲有 15 家，主要位于普吉岛、马尔代夫、巴厘岛、民丹岛等地。

（二）国际化历程

在投资地中海俱乐部之前，复星未曾涉足旅游业，选择进军旅游业是因为旅游是消费升级中一个重要的板块。经过长时间的研究和调查，复星发现全球旅游产业非常庞大，其中休闲度假这一细分领域占据整个旅游产业相当份额。而在中国，虽然当时中国旅游业长期以高于 GDP 增速的 2 倍成长，但休闲度假细分领域的占比非常有限。之所以选择地中海俱乐部，是因为这家企业是全球最大的旅游度假连锁集团，业务覆盖全球 6 大洲，其法式精致的风格以及一价全包的独特商业模式让这一品牌享誉全球。然而，这个已有近 70 年历史的世界级品牌却始终都没能在中国市场中有所作为。因此，地中海俱乐部无疑成为复星实施"中国动力嫁接全球资源"战略最理想的平台。当时，地中海俱乐部受金融危机的影响，业绩大幅下挫，连年亏损，而这给了复星"抄底"的机会。

2010 年 3 月，复星国际高级副总裁钱建农通过朋友介绍结识了地中海俱乐部的 CEO 亨利·德斯坦。当时，地中海俱乐部受经济危机的影响在欧洲市场的业绩正面临下滑。2010 年 6 月，复星集团宣布以 2832 万欧元（约合 2.1 亿元人民币）的价格收购了地中海俱乐部 7.6% 的股权，之后复星又斥资 1302 万欧元通过二级市场逐步收购了地中海俱乐部 2.4% 的股权，使复星国际在地中海俱乐部的持股比例提高至 10%，并成为地中海俱乐部的第一大股东。2013 年 5 月，复星联合法国安盛私募股权基金（Ardian），对地中海俱乐部发起第一轮收购要约，提出的报价为每股 17.5 欧元。这一次要约收购在当时实际上已获得了董事会中大部分股东的支持。然而不幸的是，复星此后遭遇地中海俱乐部小股东的搅局，小股东针对并购交易发起了旷日持久的诉讼，耗去了将近一年的时间。在这一年多的时间里，整个欧洲经济开始复苏。与此同时，地中海俱乐部本身的运营情况也发生了变化，要约的结构也和第一次不同。2014 年 5 月，意大利投资者博诺米表示，其正以远高于复星每股 17.5 欧元收购价的市场价大举购买地中海俱乐部的股票。2015 年元旦假期，复星竞购地中海俱乐部苦战终于告捷，在经历了八轮报价激烈争夺之后，2014 年 12 月复星第三次以每股 24.6 欧元的加价反超终于让意大利富豪博诺米在 2015 年当地时间 1 月 2 日宣布甘拜下风并退出角逐。

复星在并购完成后便开始全面优化地中海俱乐部的运营策略。首先，设立高管激励计划，通过利益的捆绑调动管理人员的积极性；其次，复星对地中海俱乐部的全球供应链进行整合，并纳入复星的全球供应链系统，提升管理效率，降低采购成本；再次，复兴帮助地中海俱乐部强化自有渠道，降低对中介渠道的依赖，并优化线上数字化销售平台，提升营销效率；最后，复兴积极推动地中海俱乐部的轻资产扩张战略，凭借旗下地产与金融业务的支持，加速后者在全球的扩张。

三、复星国际化经营情况

（一）资产负债结构优化，净利润增长强劲

2017年，本集团总收入达到人民币880.3亿元，同比增长19%，归属于母公司股东的利润达人民币131.6亿元，同比增长28%，再创历史新高。截至2017年12月31日，调整后每股净资产由2016年同期港币26.01元上升至港币33.28元，同比增长28%。在过去5年，复兴持续夯实资产负债结构，不断优化财务杠杆，净债务比率自2013年底的86.0%大幅优化至2017年底的49.7%，2017年平均债务成本为4.72%。

复星国际于2015年以约10亿欧元的价格收购了Club Med（地中海俱乐部），2016年，Club Med净利润4400万欧元，2017年上半年Club Med净利润7700万欧元。

（二）海外扩张态势凶猛，市场渠道得到拓展

通过海外收购，复星集团快速打造全球化战略。自2008年开始向海外发展至2015年6月，复星集团在中国境外共计投资36个项目、共计98亿美元。2016年底以来，海外投资已经收紧，而在如此微妙的背景之下，复星依旧没有停下海外扩张的步伐，在食品、医药、汽车领域连续发起三起并购。其中，复星国际旗下公司与三元股份共同发起收购法国食品公司St Hubert；复星医药子公司拟收购印度药企Gland；针对德国汽车供应商Koller的收购，则已经由复星合营公司南京钢铁联合有限公司完成。2017年上半年，复星国际实现营业收入362.72亿元，同比增长11.58%；实现归属净利润58.64亿元，同比增长33.57%。进入2018年，复星开始交割和大举并购，仅仅2个月，就交割一起，海外并购三起。1月15日，复星联手三元股份将法国植物食品制造商Brassica Holdings收入囊中；2月22日，复星集团以1.2亿欧元（约合1.48亿美元）购得法国现存历史最悠久的高端时装品牌Lanvin的控股权；2月26日，复星集团1.7亿雷亚尔（约合5200万美元）收购超过50年的巴

西当地银行 Banco Indusval S.A. 的子公司——巴西机构经纪及财富管理公司 Guide Investimentos S.A.。3月1日，复星集团3256万欧元（约合4000万美元）收购成立于1950年的奥地利女性内衣品牌 Wolford（以下简称沃尔福特），占其50.87%的股份。

（三）持续加强创新研发，深耕国际化营销战略

复星医药是复星国际的下属公司，复星医药始终将自主创新作为企业发展的原动力。2017年，复星医药持续完善"仿创结合"的药品研发体系，在中国、美国、印度等建立了高效的国际化研发团队，形成全球联动的研发体系。复星医药拥有国家级企业技术中心，打造了高效的化学创新药平台、生物药平台、高价值仿制药平台及细胞免疫平台。

2017年，复星医药通过完成对 Gland Pharma 及 Tridem Pharma 的并购及整合，持续推进药品制造业务的产业升级、药品国际营销平台的建设，加速国际化进程。同时，复星医药积极推进成员企业国际化，鼓励企业参与实施美国、欧盟、WHO 等国际 cGMP 等质量体系认证。复星医药已有十余个原料药通过美国 FDA、欧盟、日本厚生省和德国卫生局等国家卫生部门的 GMP 认证；桂林南药有1条口服固体制剂生产线、3条注射剂生产线，5个原料药通过 WHO-PQ 认证检查；药友制药有1条口服固体制剂生产线通过加拿大卫生部认证和美国 FDA 认证，多个制剂产品实现国际销售。

四、复星国际化核心逻辑

（一）中国动力嫁接全球资源

复星善于发掘具有产品和品牌核心竞争力但暂时陷入运营困境的企业，复星通过一整套高效管理模式的注入和中国市场的引入，帮助企业扭亏为盈，走上稳步增长的正轨。如地中海俱乐部项目，当时考虑到整个中国的消费群体会有消费升级的需求，也很看重地中海俱乐部的业务模式不单是适合单人度假，而且特别适合家庭度假。投资以后，一方面是帮地中海俱乐部吸引了大量的中国游客，另一方面也帮它在中国发展，现在已经有5个地中海俱乐部的分点。除了地中海俱乐部之外，还有德国服装品牌 Tom Tailor，复星通过

投资进入时尚产业，并通过管理运营的注入帮助后者扭亏为盈。类似的例子还有英冠足球俱乐部狼队，也是从零开始，通过管理与引援上的赋能，复星在短短两年内就帮助球队升超成功。

（二）并购整合，产业赋能

针对一些尚未涉足的产业领域，复星的做法不是另起炉灶、从零开始，而是通过企业并购的形式开拓新领域。将并购的企业引入复星的协同赋能体系中，通过整合旗下资源帮助企业向上下游延伸，通过资本的注入帮助企业扩张，形成规模化的经济效应。比如复星将投资的加拿大国宝级艺术表演团体"太阳马戏"植入地中海俱乐部的度假村中，从产品角度赋能后者；后又将英国老牌旅行社 Thomas Cook 的客户资源与地中海俱乐部的客户打通，帮助后者拓展欧洲市场。2017 年，地中海俱乐部在日本北海道 Tomamu 的新度假村开业，也正是有赖于复星在日本的地产资管平台 IDERA 的协同。

（三）人才先行助力国际化发展

对于人才招聘上国际化是一个很基本的元素。复星要求国内的人员要有国际化的视野，也特别强调海外的这些人才的本土化。复星如果在外面投资一家公司的话，不会大量地派国内的人过去。举例来说，复星在葡萄牙投资当地最大的保险公司，这家公司占了葡萄牙市场的 1/3。这么大一家公司投完以后，复星只派了一个 CFO，这个 CFO 还是在投资完了以后招聘再派过去的，也发挥了很好的作用。

在投资以后进行投后管理，也是充分地考虑人的因素。比如法人治理，它的整个团队是不是有创业精神，是不是能够很好地和复星的发展想法一致。复星在团队的选用、激励机制、梯队建设方面会花精力去设计，这样海外投后管理效果较为显著。复星在日本投资的一家资产管理公司也是找当地的日本人进驻，而不派中国人，因为人才的本土化建设十分重要。

资料来源：邱海峰：《新设 6 个自贸试验区、外资准入负面清单再次缩短——更多的自贸区要来啦》，《人民日报》（海外版）2019 年 7 月 16 日，第 6 版；佚名：《复星海外布局模式实现"墙外开花"还需"两头香"》，《人民日报》2017 年 12 月 4 日，第 17 版；复星集团官网以及年报整理而得。

经验借鉴

经过 10 年左右的实践，复星"中国动力嫁接全球资源"的出海模式已经相当成熟，而通过与海外被投企业的合作协同，复星自我也在不断学习，不断加深产业积累，并有能力独立开发出全球领先的产品，出口到全球，尤其是印度、巴西、非洲等一些具有经济增长潜力的新兴国家和地区。总体而言，复星全球经营的经验有以下几方面值得借鉴：①加强创新研发，深耕国际化营销战略。复星医药持续完善"仿创结合"的药品研发体系，在中国、美国、印度等建立了高效的国际化研发团队，形成全球联动的研发体系。复星医药拥有国家级企业技术中心，打造了高效的化学创新药平台、生物药平台、高价值仿制药平台及细胞免疫平台。②发掘具有产品和品牌核心竞争力的企业。通过复星的一整套高效管理模式的注入和中国市场的引入，帮助企业扭亏为盈，走上稳步增长的正轨。③并购整合，产业赋能。针对一些尚未涉足的产业领域，复星的做法不是另起炉灶、从零开始，而是通过企业并购的形式开拓新领域。将并购的企业引入复星的协同赋能体系中，通过整合旗下资源帮助企业向上下游延伸，通过资本的注入帮助企业扩张，形成规模化的经济效应。④并购完成后全面优化运营策略。设立高管激励计划，通过利益的捆绑调动管理人员的积极性。⑤优化销售平台，提升营销效率。复兴帮助地中海俱乐部强化自有渠道，降低对中介渠道的依赖，并优化线上数字化销售平台，提升营销效率，复兴积极推动地中海俱乐部的轻资产扩张战略，凭借旗下地产与金融业务的支持，加速后者在全球的扩张。⑥人才先行助力国际化发展。复星在团队的选用、激励机制、梯队建设方面会花精力去设计，这样的海外投后管理效果较为显著。复星在日本投的一家资产管理公司也是找当地的日本人进驻，而不派中国人，因为人才的本土化建设十分重要。⑦中国、全球双向驱动。复星旗下的复星医药 10 年前就开始进入非洲市场，至今已构建了相当完善的药品营销渠道。2017 年，复星医药收购了法国药品分销公司 TRIDEM，它是西非法语区第三大药品分销公司，将进一步打通非洲药品市场。同时，复星医药还收购了印度仿制药企业 Gland Pharma，后者十多年来向美国出口药品，其将为复星医药打通印度与美国的部分药品分销渠道。⑧复星重视打造产品。复星内部有个明确的要求，就是"复星出品，全球精品"。正如复星国际董事长郭广昌所说，"商业实在没有什么秘诀可言，如果

非要归纳出一点，那一定就是产品、产品力"。在有效整合全球优质资源基础上，耐得住寂寞，不断进行创新研发，精益求精，用匠心打磨全球好产品，确保了复星的竞争力，也让复星的全球化战略扎实落地。

 本节启发思考题

1. 什么是协同赋能体系？

2. 企业在国际化过程中如何整合全球资源？

3. 通过并购整合进入某一新行业的优劣分别有哪些？

4. 企业在进行国际化的过程中，是否应该做一定程度的资产剥离？

5. 人才本土化在跨国投资起到什么作用？

6. 如何建设国际化的销售平台？

7. 企业如何在国际上打造属于自己的品牌文化？

8. 在国际市场上，发展中国家是否比发达国家更具有经济增长潜力？

第二节　浙江水晶光电科技股份有限公司案例研究

 公司简介

浙江水晶光电科技股份有限公司成立于 2002 年 8 月 2 日，是国家级高新技术企业，公司于 2008 年在深圳证券交易所中小企业板上市，是目前国内唯一一家规模化制造光学元器件的专业厂家。公司目前主导产品用于数码相机、可拍照手机摄像头等数字摄像镜头系统的光学低通滤波器、红外截止滤光片；用于 LED 照明领域的蓝宝石衬底以及 PSS 衬底；用于可穿戴消费类电子产品的蓝宝石光学应用产品；用于虚拟显示类产品的投影部件；用于安全防护类产品的反光材料。2004 年，OLPF 项目列入科技部"863 计划"引导项目、国家发改委企业技术进步和产业升级专项项目、国家信息产业部电子发展基金项目。光学低通滤波器年产能为 1440 万套，是国内唯一一家规模化生产光学低通滤波器的企业，全球排名第四；红外截止滤光片及组立件年产能 1.5 亿片，全球排名第三。光学低通滤波器及其相关项目分别被列入国家发改委企业技术进步和产业升级专项项目、信息产业部电子发展基金项目。水晶光电是索尼、三星、柯达等多家国际知名企业或行业龙头企业的主要供应商，也多次被评为《福布斯》中小企业成长 50 强。水晶光电一直以来处于光学光电子产业链上游，主要经营光电子元器件、光学元器件制造、进料加工以及本企业自产产品及技术的出口业务和"三来一补"业务。截至目前，水晶光电总资产达 53 亿元，市值约为 100 亿元，总股本为 8.63 亿元，员工人数达 5500 人。

从产业分布看，水晶光电的产业分布以五大板块协同发展——薄膜光学、新型显示、LED、反光材料、高端装备，目前光学系列占有全球 20%~25% 市场份额，与高端装备系列一起走在全球行业的前列，新型显示系列以及反光材料系列为国内在光学领域最早的产品之一，LED 系列已发展成为国内行业的前列。

案例梗概

1. 利用机会融资 18 亿元,将传统光学元器件产品做到极致以保持行业龙头地位。
2. 以传统产业快速稳健发展为保障,加快新产业结构的调整步伐,实现企业发展战略新突破。
3. 引进高端市场人才与研发人员,为企业未来战略规划注入新鲜力量。
4. 借力国际化市场、研发能力,进一步改进公司全球高端消费类电子市场结构。
5. 有效收集行业前沿信息,加快新产品、新技术、新工艺等开发,高效响应国际市场需求。
6. 提高公司国际化管理经验与风险管控能力,进一步夯实发展基础。
7. 探索产业协同效应,融合装备研发与量产制造经验,培育新兴行业增长点。

关键词:国际化管理经验;结构调整;战略突破;风险管控;装备研发

 案例全文

一、水晶光电全球化背景

把握产业发展机遇,满足市场需求,水晶光电自 2002 年 8 月成立,特别是 2008 年 9 月在深圳证券交易所中小企业板上市以来,利用四次机会融资 18 亿元,将传统光学元器件产品做到极致,保持行业龙头地位。该企业从上市前只有一家母公司,总资产 2.07 亿元、销售收入 1.67 亿元,2018 年总资产增加到 56.83 亿元、销售收入增至 23.26 亿元。目前,公司已成为索尼、苹果、华为、舜宇等多家企业的主要供应商。

水晶光电上市以来,该公司一直坚持并围绕"同心多元化"的战略构思进行产业布局,不断调整优化公司产业、产品、市场结构,在内部业务、管理改善上做了大量努力。同时,公司一直在思考、寻找通过外部并购来实现战略突破的新途径。"上市除了给公司带来发展所需要的资金外,更重要的是完善了法人治理结构,从运行机制上保证决策和运行的科学合理,让我们站在更高的平台去思考战略方向,保证公司持续发展。"该公司总经理范崇国介绍，公司在发展的过程中以并购重组为重要目标，将投资工作的重心放在获取具有协同效应的新产业板块上，为构建新的业务板块作铺垫，促进企业可持续发展，兼并光驰即是其中一例。而说起并购初衷，日本光驰公司主要从事光学、触控面板等行业的镀膜设备及设备核心部件的研发、生产和销售，是行业最领先的专业设备厂家，光学镀膜设备等产品的市场占有率居全球前列。水晶光电 80% 以上的镀膜机都来自该公司，通过与光驰国际化市场的嫁接，让公司了解更前沿的市场信息，更好地把握全球高端消费类电子行业走势。

水晶光电的收购是实施"以传统光学产业快速稳健发展为保障，加快新产业结构的调整步伐，实现企业发展战略新突破"发展方针的重要一步。通过两家公司优势互补来构建协同效应，既有利于两家公司增强核心竞争力，也将有助于公司加快结构调整步伐，提升公司国际化经营与产业链竞争力。

二、水晶光电国际化实践

（一）收购日本光驰

日本光驰主要从事光学、触控面板等行业的镀膜设备及设备核心部件的研发、生产和销售，是行业最领先的专业设备厂家，在光学镀膜设备等产品的市场占有率居全球前列。经过多年努力，日本光驰已经直接进入北美、日韩等全球高端消费类电子企业供应链，积累了丰富的市场资源和研发经验。同时，日本光驰正在筹划设立北美子公司，未来将定位为全球研发试验、销售据点和市场前沿等。

2000 年，浙江水晶电子集团成立新项目研发团队，在宁波成立分公司，从事光学冷加工技术的研发。同时，在杭州设立分公司，从事光学镀膜的研发。项目研发成功之后，于 2002 年 6 月，星星集团和水晶集团在台州签订了光电科技合作项目，并于当年 8 月 2 日正式成立星星集团浙江水晶光电科技有限公司。水晶光电成立初期，便把目标瞄向了数码领域，而 2005 年，"内置摄像头手机"迎来市场机遇，水晶光电进入玉晶、大立等大客户的供应链，并由此进入快速发展时期，市场业绩增长连年翻番，日本索尼已经成为公司的第一大客户，公司在日本的市场地位得到进一步稳固，为公司国际化经营打下了扎实的基础。

2014 年水晶光电与菲达环保、双环传动、晶盛机电等上市公司在美国组建"联利资本",为海外收购进行谋篇布局。同年,水晶光电以 1.19 亿元收购日本光驰 20.38% 的股份,并且引进了高端市场人才与研发人员,为企业未来战略规划注入了新鲜力量。水晶光电的 80% 以上的主营业务产品镀膜机都来自光驰公司,通过与光驰国际化市场的嫁接,水晶光电了解到更前沿的市场信息,更好地把握全球高端消费类电子行业走势。光驰也通过此次收购市盈率不断上升,并打算在北美筹划子公司。收购光驰后,水晶光电和光驰的盈利水平不断提升,2015~2018 年,水晶光电平均盈利能力增长率达 65.51%,收购价格的增长率 12.28%。2017 年,水晶光电日本公司成立、日本光驰在东京证券交易所上市、水晶光电科技(加州)有限公司成立打开了北美市场,紧接着水晶光电与日本光驰签署战略合作项目,成立合资公司"浙江晶驰光电科技有限公司"。

水晶光电的主营业务是精密光学薄膜元器件、蓝宝石衬底、微型投影模组等产品的生产、加工和销售,日本光驰则是产业链上游光学镀膜设备的领先者,目前日本光驰正朝消费类电子产业用前沿镀膜设备领域加速渗透,并已进入全球主流市场供应链体系。公司通过收购日本光驰,可以通过上下游紧密结合,形成产业协同效应。同时,也有利于公司向光学新型产品市场开拓。

公司也表示,此次收购有利于公司借助全球高端装备制造、研发优势,加强公司核心竞争力,提升公司产业链地位;探索产业协同效应,共同面对新型产业、产品市场机遇;融合装备研发与量产制造经验,培育新兴行业增长点;借力国际化市场、研发能力,进一步改进公司全球高端消费类电子市场结构;提高公司国际化管理经验与风险管控能力,进一步夯实发展基础;积极影响公司财务状况,积累国际化财务管理和投资经验。

(二)收购以色列 Lumus 公司

说起虚拟现实/增强现实技术,可能很多人第一时间会想到这是美国或者其他科技强国的研发成果,却不会想起中东一个国家——以色列,也不知道以色列的 AR 技术是世界领先的。成立于 2000 年的 Lumus 公司,就是位于以色列的一家穿透式智能眼镜供应商,主要研究方向是可穿戴显示器的光学技术，该公司核心的波导显示技术，支持从屏幕边缘将内容投影到小面积的透明显示屏上，提升可穿戴设备的成像效果。其首款产品 LumusDK40 在上市之初号称媲美谷歌的 Google Glass，而在之后推出的升级款 LumusDK50 AR 眼镜更是更上一层楼，DK50 采用了高通骁龙处理器，运行安卓系统，支持任何一款安卓手机成为它的遥控器，集合了光学显示技术和 AR 追踪技术，可以根据实际情况的变化使用 AR 眼镜实时扫描、追踪周边环境。目前，Lumus 的业务拓展范围广泛，已经垂直到医疗、制造业、物流、航空电子和消费级电子产品等。

随着水晶光电的战略方向转移至电子产品，水晶光电将视野也转向了以色列市场，依托先进光学技术切入 VR、AR 关键零部件领域，水晶光电先后与以色列智能眼镜和奥图酷镜合作。2016 年公司拟以自有资金 220 万美元受让以色列 Lumus 有限公司股东普通股 100000 股，以自有资金 500 万美元认购 Lumus 新发行的 C 类优先股 93353 股，同时将公司全资子公司水晶光电科技（香港）有限公司持有的 Lumus 无担保可转债 300 万美元转为 C 类优先股 67362 股的股权。此次认购是公司基于对虚拟显示领域市场发展前景的判断，且根据可转债条款，公司在持有债券期间，Lumus 将每半年以单利年利率 6% 计算并支付利息，到期归还本金及应计未支付利息，到期后，公司可选择转换为 Lumus 相应股份，也可选择更新为新一轮可转债。公司拟长期与 Lumus 保持业务及资本上的战略合作关系，因此以上对外投资行为属于固定收益类及战略投资行为，不属于风险投资。

Lumus 公司是一家全球领先的可穿透式视频眼镜核心器件及技术服务提供商，本次投资有助于公司与 Lumus 之间形成更加紧密的合作关系，借助于 Lumus 在穿透式视频眼镜方面领先的设计能力及欧美客户资源，加快公司在虚拟显示领域的发展。其中的智能眼镜业务已经由零配件供应商向解决方案供应商跨越式转型，并加快了其在虚拟显示领域的发展，公司视频眼镜业务有望实现业务的快速增长，并会产生协同效应从而促进虚拟现实相关其他产品的增长。

2017 年，水晶光电在美国又设立了子公司，利用美国公司搭建海外交流平台，有助于公司积极把握市场机遇，提升在北美业务的拓展优势。截至 2018 年，水晶光电已拥有国内外全资及控股子公司 11 家，参股公司 8 家。

水晶光电通过海外并购、投资等加快推动国际化进程，及时、有效收集行业前沿信息，加快新产品、新技术、新工艺等开发，高效响应国际市场需求，进一步做强做大。

三、水晶光电国际化经营情况

（一）投资收益较高

如图 5-1 所示，2017 年水晶光电实现营业收入 21.46 亿元，同比增长 27.71%，实现营业利润 4.16 亿元，同比增长 47.32%，水晶光电的高速增长与投资收益高关系密切。水晶光电投资的公司经营业绩都较为良好，参股公司中的朝歌科技和京浜光学已是新三板公司，目前正准备转板，特别是日本光驰不但经营业绩好，协同效应也特别明显，在 2017 年日本光驰实现收益 5320.41 万元。

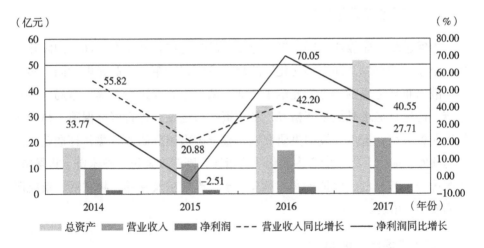

图 5-1　2014~2017 年水晶光电主要财务指标及增长情况

（二）产业链条拓展

水晶在国内高速增长后，面临着停滞不前的问题，光驰与水晶光电双方"设备—产品"实现了完美嫁接。光驰作为产业的下游，拥有优异的上下游产业企业，为企业了解到更多当前市场及同一产业链上的资讯，此次收购为企业打开了上下游产业，有助于水晶光电在技术研发、客户群及产品更新上有更大的突破。

（三）技术优势巩固

水晶光电多次远赴美国、日本、新加坡等地进行技术交流合作，进行品牌、生产、战略上的联盟，引入光驰的高管及技术人员，学习国外的研发机构体系，吸收以色列 Lumus 企业的新型技术，共享新技术、新产品，增强了水晶光电的技术领域，带动企业在光学业务上不断成熟，LED 蓝宝石业务及反光材料业务快速发展，为水晶光电与顶尖企业合作挺直腰板，推动了水晶光电与多方紧密合作。

四、水晶光电国际化核心逻辑

（一）"同心多元化"战略

为促进多产业板块协同发展，建设水晶光电成长新生态，加快国际化步伐，企业开始布局"同心多元化"战略以及组织变革。水晶光电"同心多元化"战略布局主要围绕光学光电子产业，从三个方面进行布局：布局三层产品链，构建百亿水晶战略新格局；利用资本市场平台进行资金保障、整合或拓展业务板块；重点建设中央研究院，整合国内国际研发资源，打造企业内生创新发展能力。以"同心多元化"为指导，围绕产业链、技术链、市场链，在图像采集和显示、虚拟现实、汽车电子、光通信及存储、物联网、新能源等领域外延拓展。

（二）市场与产业链协同

公司始终致力于市场网络及市场能力建设，水晶光电秉承开放、合作布局国际化的理念，与产业链上下游的知名开展各类形式的合作，通过知名终端及产业链直接客户双重渠道，在新项目的业务合作上取得长足进步。同时，水晶光电积极布局全球销售网络，在日本和北美设立销售平台，统筹中国、亚太和北美的市场资源，通过贴近客户来有效挖掘客户需求，通过内部研发力量和制造能力的整合来快速满足客户需求，全方位拓展海外市场，稳步推进国际化进程。公司积极与产业链上下游开展紧密合作，以合资公司、共同开发、业务合作等多种模式，形成从装备研发、材料研究、工艺开发到量产管控的整体优势，为下游客户提供一体化的供应链能力，构建产业链协同能力，有效寻求市场发展机会。

（三）阿米巴经营模式激发企业活力

在组织架构上，水晶光电分为事业部、组织设计、激励体系，其中事业部采用阿米巴制的权责对等机制，组织设计则用业务导向型的倒三角组织，以及共创、共担、共享的激励体系，来构建"小单元、轻扁型"组织，重塑组织活力（见图5-2）。充分授权，给予各业务单元经营权限，激发各级员工积极性。同时积极构建"以客户为中心的端到端的流程型组织"，并以此为核心开展组织和流程变革，围绕新项目，聚焦客户需求，导入 IPD 流程管理有效把控项目风险，以应对公司不同阶段的业务新模式，提高运行效率。

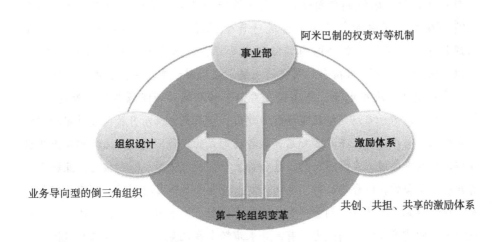

图5-2　水晶光电的组织模式

资料来源：吴景赟：《水晶光电：创新团队打破行业垄断》，《台州日报》2018年5月1日，第2版；佚名：《水晶光电：从"制造"到"智造"》，椒江政府网，2018年12月13日；水晶光电官网以及年报整理而得。

经验借鉴

近几年来，水晶光电围绕以技术链、业务链、市场链为核心的"同心多元化"总体发展战略，优化传统光学业务结构，进一步做大做强主导主业，着重做好单反单电的配套产品的增量、高端智能手机配套产品以及半导体、光通信、激光等延伸产品的技术改造，扩充生产规模；优先发展微型光显示板块，做好视频眼镜项目产业化，做好微投 DLP 产品以及 LCOS 新应用的研发和产业化；做强新型战略性业务，稳健和抓机遇并举，逐步推进 LED 新产业发展；同时兼顾太阳能板块的应用开发。简单来说，水晶光电国际化发展的主要经验有以下几条：①一直坚持并围绕"同心多元化"的战略构思进行产业布局，不断调整优化公司产业、产品、市场结构，在内部业务、管理改善上做了大量努力。同时，公司一直在思考、寻找通过外部并购来实现战略突破的新途径。②借助全球高端装备制造、研发优势，加强公司核心竞争力，提升公司产业链地位。依托先进光学技术切入 VR、AR 关键零部件领域，先后与以色列智能眼镜和奥图酷镜合作。③布局三层产品链，构建百亿元水晶战略新格局；利用资本市场平台进行资金保障、整合或拓展业务板块；重点建设中央研究院，整合国内国际研发资源，打造企业内生创新发展能力。④以"同心多元化"为指导，围绕产业链、技术链、市场链，在图像采集和显示、虚拟现实、汽车电子、光通信及存储、物联网、新能源等领域外延拓展。⑤公司始终致力于市场网络及市场能力建设，水晶光电秉承开放、合作布局国际化的理念，与产业链上下游的知名开展各类形式的合作，通过知名终端及产业链直接客户双重渠道，在新项目的业务合作上取得长足进步。⑥积极与产业链上下游开展紧密合作，以合资公司、共同开发、业务合作等多种模式，形成从装备研发、材料研究、工艺开发到量产管控的整体优势，为下游客户提供一体化的供应链能力，构建产业链协同能力，有效寻求市场发展机会。⑦激发员工积极性。为了事业部、组织设计、激励体系，其中事业部采用阿米巴制的权责对等机制，组织设计则用业务导向型的倒三角组织，以及共创、共担、共享的激励体系，来构建"小单元、轻扁型"组织，重塑组织活力。上市后，水晶光电通过并购、参股不断壮大，近几年并购、参股总投资达 4.5 亿元。目前，旗下有全资及控股子公司 8 家和参股公司 7 家；产业从上市前仅有的光学元器件产品，逐步发展成以光学、LED 蓝宝石、新型显示、反光材料等多业务板块协同的格局。

本节启发思考题

1. 什么是事业部结构?

2. 什么是"同心多元化"的战略构思和产业布局?

3. 如何实现产业链和市场的协同发展?

4. 对 21 世纪员工,怎样的激励方法更加适合?

5.AR 技术将如何影响现有各产业的发展? 举例说明。

6. 如何打通供应链上下游,实现高效?

7. 阿米巴经营模式对组织发展有哪些作用?

第三节　浙江天成自控股份有限公司案例研究

 公司简介

浙江天成自控股份有限公司（以下简称天成自控）始创于 1992 年，专业从事汽车座椅的研发、生产、销售及服务，是国家火炬计划高新技术企业、国家守合同重信用公示单位、国家两化融合管理体系贯标试点企业，并在上海证券交易所主板成功上市（股票代码：603085）。公司先后被评为中国工程机械配套件行业典范企业、中国农业机械零部件龙头企业。

公司业务涵盖工程机械座椅、商用车座椅、乘用车座椅、航空座椅以及儿童座椅等板块。拥有天台、上海、郑州、十堰等生产基地及一个海外生产基地。基地引进世界的智能化设备、建设生产管理体系，实现对整车厂商需求的快速响应与无缝对接。公司与卡特彼勒、上汽集团等世界 500 强公司达成战略合作伙伴关系，并于 2018 年被卡特彼勒评为"铂金供应商"。

公司多年来一直将智能化、轻量化作为座椅研发，建有省级企业技术研发、认可实验室。通过自主创新，打破国际巨头的技术垄断，先后有 5 项产品被列入国家火炬计划项目、2 项产品被列入浙江省技术贸易壁垒技术攻关项目、2 项产品列入浙江省重大科技专项，成为我国在这一领域技术水平的代言企业。为推动产业发展，公司积极参与起草于修订国家标准，包括《土方机械司机座椅振动的试验室评价》《土方机械司机座椅尺寸和要求》《土方机械座椅带及其固定器性能要求和试验》等。秉承"专注座椅、专业细分、逐步深耕"的发展战略，公司不断拓宽业务领域。2017 年，全资收购英国航空座椅公司 Acro Aircraft Seating Limited 90% 的股权。该公司已通过欧洲航空管理局（EASA）认证。其雄厚的技术储备、丰富的业务资源，助力其快速成为国际航空座椅的企业。2018 年，公司推出全球"通风儿童座椅"，打造儿童出行空间，进一步加快消费类产品的研发与推广。提供的座椅、以科技创新生活品质，天成正在成长为"世界的高附加值座椅专业供应商"。

案例梗概

1. 严格把控产品质量，承担多功能空气悬挂式减震座椅等多个国家火炬计划项目。

2. 借力高校智库，多途径引进海外人才和同行业专业人才。

3. 挖掘和开拓高端细分市场，乘势进入儿童安全座椅行业，瞄向航空座椅市场领域。

4. 收购英国 Acro 控股有限公司 100% 的股权，填补了天台县并购境外企业空白。

5. 设立研发中心，探索技术发展趋势。

6. 注重产品开发和技术研发，抢占全球航空座椅产业市场。

7. 进行精益化改造，提升各系列座椅的生产效率和整体产能水平。

关键词：座椅；产品质量；技术研发；航空市场；人才

案例全文

一、天成自控国际化实践

（一）标的公司介绍

Acro Aircraft Seating Ltd. 公司是一家全球知名的专业从事航空座椅研发、生产、销售的英国企业，成立于 2006 年，其产品已经取得欧洲航空安全管理局（EASA）的适航认证，已成功进入空客的供应商名单。目前的主要产品有 S3 系列航空座椅、S6 系列航空座椅、S7 系列航空座椅，客户分布于英国本土、美国、波兰、德国、俄罗斯等国家，包括新西兰航空公司、Etihad Airways（阿提哈德航空公司）、Frontier Airline、Allegiant Airline、Spirit Airline 等航空运输服务企业及飞机租赁企业 GE Capital 等，拥有成熟的产品研发体系和品质管理体系。在中国境内设立全资子公司有利于充分利用国内飞机座椅零部件的加工制造优势，并开拓国内航空座椅市场，提升公司航空座椅业务的综合竞争力和行业地位。

（二）天成自控并购历程

近年来，台州市多个重大项目建设如火如荼，工地现场随处可见铲车、挖掘机、起重机、推土机等工程机械的身影，这些铁家伙让工程建设如虎添翼。作为车辆减震最后环节和重要部件，司机座椅也是工程机械的必需部件。位于天台县的浙江天成科投有限公司是工程机械座椅和商用车机械座椅领域的龙头企业，是上市公司浙江天成自控股份有限公司的母公司，专业从事车辆座椅研发、生产、销售和服务，是国内工程机械座椅的龙头企业，也是工程机械座椅国家标准的起草单位之一，其工程机械座椅国内市场份额达40%。

从2018年3月发布的公司年报来看，2017年天成科技交出的成绩单非常漂亮。除了深耕细做工程机械商用车座椅外，公司顺势切入乘用车座椅，并乘势进入儿童安全座椅行业。2017年，天成科技乘用车座椅、工程机械座椅、商用车座椅实现的营业收入分别占报告期公司主营业务收入的31.32%、30.17%、30.12%，同比增速分别为1732.78%、63.27%、80.3%。

以前，工程机械和汽车行业一样，一直被外资企业和中外合资企业垄断。天成科技将一个几十人的小工厂发展为国内首家成套座椅上市公司，对内客户涵盖了国内几乎所有大型工程机械企业，对外成功打入卡特彼勒供应体系成为其金牌供应商。在这期间，公司决策层对于公司发展方向的把控很关键，从1992年建厂生产座椅配件开始天成科投一直专注做座椅，通过在科技研发、人才引进、技术创新等方面狠下功夫，把座椅产品做到极致。

发展过程中，天成自控承担了多功能空气悬挂式减震座椅、重卡用气囊减震座椅、智能记忆电动座椅、汽车驾座自控气囊减震座椅和多功能气囊悬浮减震座椅项目等多个国家火炬计划项目。公司作为主要起草单位之一，参与编写了《土方机械司机座椅震动的试验室评价》《土方机械司机座椅尺寸和要求》《土方机械座椅安全带及其固定器性能要求和试验》等多项工程机械座椅行业标准。

据了解，天成自控以人才为基，借力高校智库，加强与同济大学、南京航空航天大学、浙江大学等高校的合作，多途径引进海外人才和同行业专业人才，从而形成一线员工多功能化、中层管理人才、技术人才专业化、高层管理人才国际化的人才梯队格局。

近年来，天成自控在工程机械座椅市场整体做大做强的同时，注重挖掘和开拓高端细分市场，积极切入乘用车配套市场，并乘势进入儿童安全座椅行业，还将目光瞄向航空座椅市场领域。2017 年 9 月 19 日，国内工程机械座椅的龙头企业浙江天成科投有限公司日前以 8918 万美元收购英国 Acro 控股有限公司 100% 的股权。航空座椅是技术要求最高、毛利最高、市场空间也足够大的一个市场，天成的此次并购填补了天台县并购境外企业空白，也是该县企业历年来"走出去"投资金额最多的一次。该项目得到国家民航总局的大力支持，也开创了国内民营企业通过跨境收购进入空客、波音飞机座椅供应商目录的先河。在协助企业顺利完成交割后，中行省分行还为客户设计了"跨境并购贷款＋"组合金融服务方案，帮助企业提前锁定因汇率、利率及价格波动带来的风险，为企业海外发展保驾护航。利用母公司天成科投收购英国 Arco 航空座椅公司的契机进入航空座椅，此次并购有助于天成科投快速切入航空座椅制造领域，进入全球优秀航空座椅供应商行业以及企业现有产品和未来新增产品的市场拓展，实现全球业务的扩张与协同，提高天成的技术开发水平及快速反应能力，借助于 Acro 的产品开发和技术能力，不失为天成科投抢占全球航空座椅产业巨大发展空间的一条"捷径"。同时，还能在中国航空产业利好政策频出的历史机遇下，把握机会顺利实现产业转型升级去实现"世界一流的高附加值座椅专业供应商"的战略目标。

据相关数据显示，目前全球航空座椅市场年均达到 490 亿美元，法国 Zodiac 集团、美国 BE 和德国 Recaro 等巨头垄断了近 80% 的市场份额。未来，如果 Acro 公司在中国业务发展顺利，借助其在国际航空座椅市场、资本市场、技术支持的优势，天成科投有望成为全球飞机座椅领域极具竞争力的领先企业。

二、天成自控国际化经营后财务变化情况

截至 2018 年 12 月 31 日，天成自控的营业收入为 957967600.19 元，实现归属于上市公司股东的净利润为 36545959.96 元，经营活动产生的现金流量净额为 −62546467.36 元。（见表 5-1）Acro Aircraft Seating Limited 公司总资产 617175372.52 元，净资产 443055176.07 元。2018 年下半年合并报表营业收入 192597957.97 元人民币，净利润 5959654.52 元人民币。

表 5-1 天成自控的经营情况

主要会计数据	2016 年	2017 年	2018 年
营业收入	361063828.58	783092965.28	957967600.19
归属于上市公司股东的净利润	35221308.93	70121183.16	36545959.96
归属于上市公司股东的扣除非经常性损益的净利润	32832081.44	64704700.32	19938483.86
经营活动产生的现金流量净额	39312870.91	−117933015.92	−62546467.36
归属于上市公司股东的净资产	402831882.59	981689099.13	995659484.67
总资产	526508745.36	1526164173.30	2324084801.10

2018 年,天成自控的主营业务收入从 2017 年的 779046951.71 元增加到 930020168.59 元,增长 19.38%,具体情况如表 5-2 所示。

表 5-2 天成自控的产品销售情况

分产品	营业收入(元)	收入占比(%)	营业收入比上年增减(%)
乘用车座椅	114839357.13	12.35	−52.93
飞机座椅	162742812.15	17.50	2017 年无此项收入
飞机座椅配件及其他	29855145.82	3.22	2017 年无此项收入
工程机械座椅	268801075.77	28.90	14.38
商用车座椅	274585232.36	29.52	17.02
农用机械座椅	40764624.90	4.38	0.36
其他车辆座椅	3753484.44	0.40	66.98
工程机械及商用车座椅配件	34678436.02	3.73	53.87
合计	930020168.59	100.00	19.38

公司航空座椅业务主要来自英国 Acro 公司,公司自 2018 年 7 月完成对英国 Acro 公司收购之后,下半年共实现销售收入 1.93 亿元。2018 年,航空业务老客户订单稳中有升,新客户逐渐进入大批量交付,其中新西兰航空实现了 S6 的首次线装交付。主要客户春秋航空、Air New Zealand(新西兰航

空）、Etihad Airways（阿提哈德航空）、Allegiant、Spirit、Frontier、Viva Columbia、AerCap、Thomas Cook 稳定增长。2018 年英国公司共交付超过 4000 万英镑的销售订单，实现了近 30% 的年增长率。

在航空座椅业务领域，英国 Acro 公司生产车间通过一系列的精益化改造，提升了各系列座椅的生产效率和整体产能水平。上海工厂通过了英国民航局（CAA）的 POA 延伸生产的现场审核。

截至 2018 年末，在手储备订单超过 9000 万英镑（折合人民币约 7.8 亿元）。中国市场订单实现了快速增长，春秋航空、青岛航空等来自中国的订单累计近 100 架，中国市场快速增长将成为公司未来业绩增长的重要推动力。

三、天成自控国际化核心逻辑

（一）产品研发与技术优势

天成自控是国家高新技术企业，目前在上海、浙江及英国伦敦设立了五个研发中心，多年来专注于汽车、航空及工程机械、儿童安全座椅领域，拥有强大的研发优势，获得了数十项专利授权。设立在英国的航空座椅研发中心拥有一支富有行业经验和创新精神的核心技术团队，他们为 Acro 航空座椅业务的快速发展和持续盈利提供了保障，并能根据业务需求和技术发展趋势主动进行技术研发和探索，保持持续的技术优势并积累前沿性技术基础。在工程机械及商用车领域，公司承担了多功能空气悬挂式减振座椅、重卡用气囊减振座椅、智能记忆电动座椅、汽车驾座自控气囊减振座椅和多功能气囊悬浮减振座椅项目等多个国家火炬计划项目。公司的汽车座椅靠背角度无级调节器和汽车驾座自控气囊减振座椅等项目获得了科技部科技型中小企业技术创新基金的支持。

（二）产品优势

安全性和轻量化是公司座椅产品的突出特点，尤其是 S3 及 S6 系列航空座椅产品，碳纤维整体设计带来了产品显著的轻量化，在产品投放市场之后，受到客户广泛认可，市场订单快速增加。在工程机械商用车座椅和乘用车座椅市场上，公司具有丰富的产品线，既可以满足不同客户的不同需求，又能满足同一客户的多层次需求，有利于巩固和开拓与主要客户的业务合作。公司丰富的产品结构有利于缓冲下游单个领域市场变动对公司整体业绩的影响。

（三）良好的客户关系

在航空座椅领域，公司目前已有两大系列经济舱产品架构（S3 系列、S6 系列）进入空客供应商目录，并与新西兰航空、艾提哈德航空、美国 Frontier Air、美国 Allegiant Air、美国 Spirit Air、法国 Aigle Azur、中国春秋航空等公司建立了长期稳定的合作关系；单通道商务舱 S7 系列座椅已经取得多家航空公司订单，有望在 2019 年进入空客供应商目录。在乘用车领域，公司已经和上汽集团建立了稳定的合作关系，同上汽集团南京基地、郑州基地、福建宁德基地项目合作进展顺利，并荣获了 2018 年度上汽乘用车"优秀供应商"荣誉。在工程机械及商用车领域，经过多年的市场开拓和培育，公司已经拥有一批稳定的高端客户群，同时积极拓展市场覆盖面，形成了一批全球性的成长性的客户。在工程机械领域，公司已成为卡特彼勒、三一重工、龙工、徐工、厦工、柳工、山推、杭叉、合力叉车、中国一拖、福田雷沃、丰田叉车等主机厂的座椅配套商，2018 年度荣获三一重工、卡特彼勒、徐工集团、雷沃工程等单位优秀供应商奖牌，并获得卡特彼勒铂金供应商；在商用车领域，公司与一汽、东风、重汽、福田戴姆勒、江淮汽车、陕汽、宇通等均建立了稳定的供货关系。

（四）全球资源整合优势

公司在航空座椅领域，拥有英国研发的技术研发优势和中国采购、中国制造的成本优势，同时与中国商飞以及中国各航空公司客户具有就近服务的区位优势。公司目前国内在浙江、上海、河南、江苏、福建、山东、湖北、广西、安徽设有 11 家子公司，在英国有 3 家子公司，拥有遍及全球的客户网络及供应链体系，在产品研发、技术协同、供应商选择、成本控制、市场开拓、客户服务等方面可以在全球范围内调动、整合各项资源，为公司创造价值。

资料来源：《天成自控：把座椅做到极致》，《台州日报》2018 年 4 月 4 日，第 4 版，经济新闻；平文：《天成科投成功并购英国 Acro 控股填补我县

并购境外企业空白》,《台州新闻网》2017 年 12 月 26 日;奚晋阳:《书写"凤凰涅槃"新传奇》,《浙江日报》2018 年 2 月 6 日,第 12 版。

 经验借鉴

在经济全球化时代,随着中资企业"走出去"战略和"一带一路"倡议持续推进,跨境并购已成为对外直接投资的重要方式,也是企业走向国际舞台,获取技术、品牌、人才等高端要素的重要途径。截至目前,台州共有 624 家境外投资企业和机构,其中中方投资额达 14.42 亿美元。而天成科投收购欧洲航空座椅制造商,更是填补在航空座椅市场领域的空白,就天成科技并购案来说,有以下几方面值得我们借鉴:①专注座椅、专业细分、逐步深耕。公司多年来一直将智能化、轻量化作为座椅研发的主要任务,顺势切入乘用车座椅,并乘势进入儿童安全座椅行业,对内客户涵盖了国内几乎所有大型工程机械企业,对外成功打入卡特彼勒供应体系成为其金牌供应商。②以人才为基,打造高效管理团队。借力高校智库,加强与同济大学、南京航空航天大学、浙江大学等高校的合作,多途径引进海外人才和同行业专业人才,从而形成一线员工多功能化,中层管理人才、技术人才专业化、高层管理人才国际化的人才梯队格局。③注重挖掘和开拓高端细分市场。以 8918 万美元收购英国 Acro 控股有限公司 100% 的股权,快速切入航空座椅制造领域,进入全球优秀航空座椅供应商行业以及企业现有产品和未来新增产品的市场拓展,实现全球业务的扩张与协同。④借力发展,提升产能水平。借助于 Acro 的产品开发和技术能力,提高天成的技术开发水平及快速反应能力,提升各系列座椅的生产效率和整体产能水平。⑤注重产品和技术的双重研发。在上海、浙江及英国伦敦设立了五个研发中心,承担了多功能空气悬挂式减振座椅、重卡用气囊减振座椅、智能记忆电动座椅、汽车驾座自控气囊减振座椅和多功能气囊悬浮减振座椅项目等多个国家火炬计划项目。⑥突出产品特点,打造独有优势。安全性和轻量化是公司座椅产品的突出特点,尤其是 S3 系列及 S6 系列航空座椅产品,碳纤维整体设计带来了产品显著的轻量化,在产品投放市场之后,受到客户广泛认可,市场订单快速增加。⑦建立良好的客户关系。航空座椅领域与新西兰航空、艾提哈德航空、美国 Frontier Air、法国 Aigle Azur、中国春秋航空等公司建立了长期稳定的合作关系;乘用车领域同上汽集团南京基地、郑州基地、福建宁德基地项目合作进展顺利。⑧对全球资源进行合理整合。公司目前国内设有 11 家子公司，在英国有 3 家子公司，拥有遍及全球的客户网络及供应链体系，在产品研发、技术协同、供应商选择、成本控制、市场开拓、客户服务等方面可以在全球范围内调动、整合各项资源，为公司创造价值。

本节启发思考题

1. 在国际化过程中，有哪些可以控制成本的方式？

2. 影响生产效率和产能水平的因素有哪些？

3. 高效的管理团队应该具备哪几项因素？

4. "一带一路"倡议给中国企业创造了怎样的机会与挑战？

5. 开拓高端细分市场对企业有怎样的好处？

6. 如何更高效地整合创新要素，使创新更加有效果？

第四节　万向集团公司案例研究

 公司简介

万向是以万向集团公司为主体的企业集团，万向主业为汽车零部件业，经历了从零件到部件，再到系统模块供应的发展轨迹。现有专业制造企业 32 家，在国内形成了 4 平方千米制造基地，拥有国家级技术中心、国家级实验室、博士后科研工作站。

万向集团在中国企业联合会、中国企业家协会联合发布的 2006 年度中国企业 500 强排名中名列第 127。

万向 1990 年起为浙江省计划单列集团，1997 年起为国务院 120 家试点企业集团，1999 年起被列为全国 520 户重点企业，荣获首届中国工业大奖。在中国工业经济研究院评选的 2010 年中国制造业 500 强中，万向集团公司排名第 60 位，在机械行业排第 15 位，在汽车行业排第 8 位，在汽车零部件业排第 1 位。

2013 年，美国当地时间 1 月 28 日晚，在首都华盛顿，美国外国投资委员会（CIFUS）正式批准，同意万向集团收购美国 A123 系统公司。与此同时，万向与 A123 将就该项收购进行交割。这不仅是中国民营企业成功收购美国知名公司的标志性事件，也是万向集团在传统制造业基础上加快向清洁能源产业发展的里程碑。

万向集团公司初创于 1969 年 7 月 8 日，前身是萧山宁围人民公社农机修理厂。从 4000 元资金，7 个人的铁匠铺起家，现已成为一家拥有数万名员工的现代企业集团，是国家 120 家试点企业集团和 520 户重点企业之一。万向集团一直致力于新型工业的可持续发展，以"管理信息化、服务网络化、发展品牌化、合作全球化、资本市场化"为目标，拥有国家级技术中心、国家级实验室、10 个国家级高新技术企业，现运营万向电动汽车、万向钱潮、万向美国、万向资源、万向财务、万向德农、承德露露、远洋渔业、德华木业等 15 家主营公司，为全国创新型企业，荣获"中国世界名牌"、首届"中国工业大奖"。

案例梗概

1.1984年，万向实现了第一批产业出口——为美商舍勒公司贴牌生产3万套万向节，开始了万向的国际化之旅。

2.1986年万向获国务院批准，拥有了自营进出口权，并确定为万向节出口基地。

3.1992年，万向派人员到美国开拓市场，实现人员的"走出去"。

4.1994年，成立的万向美国公司位于芝加哥，是万向集团跨国经营业务的"桥头堡"。

5.1997年8月，美国通用公司正式与万向集团签订供货合同，同年收购英国AS公司。

6.2000~2010年相继收购舍勒公司、LT公司、UAI等公司。

7.2013年收购美国A123系统公司。

关键词："走出去"战略；国际化模式；市场管理；跨境并购

案例全文

一、万向全球化背景

首先，中国作为世界上最大的发展中国家，具有巨大的市场潜力，随着我国的市场经济不断发展，平均消费水平也在不断提高，人们对汽车消费能力的增强，从而带动了汽车零部件产业的发展。在这样的市场背景下，万向集团可开发一条适合自己的销售渠道及服务网络，深度挖掘国内市场，从而实现自身利润的增长。

其次，由于我国参与国际化程度不断增强，外资在汽车和零部件产业投资增加，国际许多著名的汽车零部件企业在我国设立了独资或合资企业，很多跨国公司还将我国的汽车零部件企业纳入其全球采购系统并在国内设立采购机构或办事处，这也将为万向集团提供一条广阔的销售渠道。

最后，就目前的情况来说，列入世界500强的零部件制造厂商德尔福、博世、伟世通、电装和李尔等纷纷到中国投资建厂，建立了销售和服务网络。

这些零部件跨国企业来到中国，带来了先进的技术和管理，推动了我国汽车零部件产业的建设与发展，促进了我国零部件产业的整体水平的提高，初步形成了具有一定国际竞争力的汽车零部件制造体系。万向集团可以以此为契机，寻找合作伙伴，学习他们先进的技术和丰富的经营经验，从低端的加工到高端的研发，实现车身、发动机、变速器、车桥、饰件等汽车主要零部件和模块方面全面发展。

二、万向国际化实践

（一）万向集团"走出去"战略的实施

近年来，随着"走出去"战略的加快实施，跨国并购已成为中国企业进入海外市场和开展国际化经营的战略方式。万向集团实施了从产品"走出去"到人员"走出去"，再到企业"走出去"的"三步走"战略。在经济全球化以及中国加入 WTO 的新形势下，万向集团实行跨国经营，高起点投入，思考全球化，行动本土化，赢得了更大的发展空间，成为有实力的跨国公司，实现了跨越式发展。

万向集团的国际化之路是从内向国际化中的贴牌生产开始的。20 世纪 80 年代是万向集团的国际化初始阶段，主要以内向国际化为主，通过与美国舍勒公司及其他国外购买商的接触，为以后的国际化发展提供了经验支持，也为营销渠道、人员雇佣和文化融入等做了前期准备。1984 年，当时的宁围公社农机修配厂获得美国最大万向节供应商舍勒公司的 3 万多套万向节的订单，迈出了国际化道路上的第一步。

20 世纪 90 年代是万向以外向国际化为主的国际化发展阶段。通过建立现代企业制度，万向步入"企业集团化、经营国际化"战略阶段，占据国内市场 65% 以上的份额，并在美国等 8 个国家拥有自己的公司，成为通用、福特等国际一流整车厂的配套合作企业。20 世纪 90 年代实现了人员的走出国门；万向美国公司的成立，标志着万向公司的走出国门。1994 年，万向美国公司成立，是万向外向国际化的一个里程碑。1997 年 7 月，万向收购英国 As 公司 60% 的股份，这是万向跨国收购的开始，跨国收购逐渐成为其主要的外向国际化形式。

美国舍勒公司是全球拥有万向节技术专利最多的企业，具有强势的品牌和销售渠道。早在 1984 年，万向在广交会上结识舍勒公司创始人舍勒，该公司是一家主要在美国市场销售汽车零部件的经销商，当时，舍勒公司给了万向一笔 3 万套万向节订单，万向由此开始了汽车零配件生产之路。1985 年，万向正式成为国际市场供货单位，当时在美国万向节销售市场中冠以"舍勒"商标。经过几年合作，舍勒公司从中获取高额利润，公司得到极大发展，这时出于获取更多利润的考虑，1987 年，舍勒希望收购万向公司，使其单独成为舍勒公司下游企业。对此，万向认为好处在于，有稳定的利润来源，但长而久之万向将成为舍勒公司的附属单位，根本无法让自己迈进海外市场。更为主要的是，公司领导人鲁冠球认为，在万向发展过程中，绝对不能"在一棵树上吊死"。因此，回绝了舍勒的要求。为使万向就范，舍勒公司以放弃与万向的供货关系相威胁，对此，鲁冠球的态度是，舍勒尽可以"另谋高就"，相信万向的价格、质量和服务是找不到的，万向不会轻易改变自己的发展方针。事实上，舍勒公司也的确放弃万向转而向东南亚寻找合作方，而万向自从 1987 年开始，非但业务没因舍勒退出而衰竭，反而在美国万向节市场上成为舍勒公司最主要的竞争者。反观舍勒公司，其新供货方的产品难以与万向抗衡，只好主动向万向提出购并要求。由于舍勒要价太高，谈判进行了好几年。但这场旷日持久的谈判，随着舍勒市场份额日益缩小，谈判向有利于万向一方发展，舍勒最终只好就范。1998 年舍勒被万向以难以想象的 42 万美元的低价收购了品牌、专利技术、专用设备和市场网络。之后，万向将舍勒公司的所有产品全部搬到国内生产，在美国市场仍以舍勒的品牌销售，实现了国内低成本生产，国外高价格销售。此次收购还使万向取代舍勒成为全球万向节专利最多的企业，创造了低产高出的传奇。

进入 21 世纪后，万向集团外向国际化高度发展，形成跨国公司雏形的阶段。2000 年开始，万向集团开始实施"资本式经营、国际化运作"战略，不仅成为中国最大的汽车零部件企业，而且稳步进入金融、农业等领域。2000 年，以万向美国公司为代表的集团跨国经营和海外市场建设取得突破性进展，成功收购了 LT 公司、ID 公司和麦可公司等，这标志着万向在海外建立国际性的生产基地。2001 年 8 月 28 日，万向成功收购在纳斯达克上市的美国 UAI 公司 21% 的股份，开创了中国乡镇企业在海外收购上市公司的先河。

2001年，UAI因并购扩张出现问题时，万向出价280万美元取得第一大股东地位，收购UAI公司，使万向集团获得了多重的效果。首先，企业形象得以大幅提升。《汽车通讯》是美国汽车业界人士必读的刊物，该刊对万向收购UAI公司进行了报道，其他媒体如《华盛顿邮报》《芝加哥论坛报》甚至日本的《读卖新闻》都进行了报道，国内也有多家媒体给予报道，这无疑提升了万向集团的企业形象。由于UAI公司是美国纳斯达克股票交易所的上市公司，万向集团是中国的乡镇企业，双方的收购交易吸引了投资者和读者的大量眼球，实现了万向集团与国际资本市场的接轨。其次，业务经营的协同效应，UAI公司每年向万向集团购买2000万美元的产品，且万向可拒绝UAI公司向其他中国厂商购买同类产品，这就是"反向OEM"模式，在下文我们将进行更详细的分析。通过这一"争抢产品进入国际市场渠道"的案例，可以看到万向对国际资本市场娴熟的把握能力。2007年，万向出资2500万美元收购美国AJ公司30％的股份，为其史上最大一桩海外并购案。通过跨国并购和战略合作，万向一步步融入国际市场，已从"国际营销""国际生产"发展到配置"国际资源"，跨国公司雏形已经显现。

（二）万向模式——"反向OEM模式"

原始设备制造商（Original Equipment Manufacture，OEM）指由采购方提供设备和技术，由制造方负责生产、提供人力和场地，采购方负责销售的一种现代流行生产方式。因采购方可提供品牌和授权，允许制造方生产贴有该品牌的产品，所以俗称"贴牌生产"。中国企业在产品外销中，往往利用国外的品牌，采用贴牌生产的方式在本国生产以对方的名义销售。万向在1998年收购美国舍勒公司以前，曾经为这家公司贴牌生产了十几年。而万向收购了舍勒公司后，生产的是自己的产品，同时由自己控制品牌，被称作"反向OEM"的方式。

万向在并购扩张中形成的独特的"反向OEM模式"，简言之，分为三步：一是收购国外知名品牌汽配供应商；二是把产品转移到国内生产；三是打上原来的品牌返销国际市场。这种模式的成功前提是具有低成本和大规模生产能力，以及对制造技术快速消化吸收能力，加上并购获得的主流市场稳定的客户关系和销售渠道，就可以占尽低成本制造、高价格销售带来的高额利润空间。

（三）收购国外知名品牌汽车配件供应商

随着万向逐步确立成为国际知名汽车配件厂商的战略目标，鲁冠球已经不满足于万向简单的国际化策略——"海外市场＋国内生产"。他希望万向在海外市场从产业链下游为他人做 OEM 转向往产业上游渗透，因此，树立自身品牌、获取技术优势和营销渠道优势等核心竞争能力成为实现这一目标的必然策略。而收购国外企业无疑是捷径，对美国舍勒和 UAI 公司的收购成为万向国际化道路上的两个关键拐点。

（四）把产品转移到国内生产

万向在收购美国舍勒公司之后，将其所有产品全部搬到国内生产，在美国市场仍以舍勒的品牌销售，实现了国内低成本生产，国外高价格销售。从而实现"走出去"与"引进来"双轮驱动，通过内外资源的融会贯通，使资源最大限度地转化为企业的利益目标。万向从产品"走出去"，实现"点"的突破，到人员"走出去"，把这些"点"，连接成"线"，再到企业"走出去"，把"线"拓展成"面"，在更大范围和更深层次地学习国外先进的管理经验和技术，与国际资源对接。

（五）打上原来的品牌返销国际市场

在国外的经营，万向采取的是本土化策略。

首先是市场营销的本土化，即利用当地的资源，建立自己的市场体系。例如，在美国，万向节销售借用洛克威尔公司的力量，轴承则合并使用了日本 NTN 公司与美国通用轴承公司的销售系统；在南美，万向吸纳了舍勒公司的整个销售网；在欧洲，则起用原 GKN 系统的人员。为配合市场体系的有效运作，万向加强硬件配置，在美国、英国、墨西哥、巴西均设有保税仓库，满足客户对时间的要求，解除客户对货源的担心。

其次是管理体系的本土化。万向聘用当地的优秀人力资源，按当地最严格的标准管理公司，公司财务账目、法律事务等，都由当地会计师事务所、律师事务所来承担，取得客户的信任，用最短的时间进入角色。万向的管理体系，完全以国际通用的标准定位。2006 年 2 月，万向海外公司尝试产权改革，在万向美国公司设立经营者基金，在集团投入仍归集团所有的前提下，公司每年利润增长超过 26.58% 的部分，划入基金，归经营者所有，并通过购买新股的方式，逐步转化为总额不超过 40% 的公司股权。经营者基金的设立，不是简单地明晰资产，更不是分配存量资产，基金的运作完全建立在创造增量资产的基础之上，称为激活智慧，分配未来。

最后是资本运作的本土化。企业经营管理成功与否，银行和股东的承认是判断标准。万向海外公司的经营效益和发展速度，很快就引起了当地银行的注意。它们不仅在资金上支持，受信额度从 500 万美元，增加到 8000 万美元，而且在企业发展上为万向出谋划策。现在，万向美国公司从当地银行融资的投入，是母公司投入的 2 倍。公司正积极争取上市，真正实现公司资本运作的本土化。

万向以"股权换市场、参股换市场、设备换市场、市场换市场、让利换市场"等各种方式与国际先进技术和市场资源对接，迅速从万向节扩大到等速驱动轴、传动轴、轴承、滚动体、密封件、轿车减震器、制动器、轮毂等系列化汽配产品，使其在制造方面的核心竞争力得到最大限度的放大。万向以中国为制造基地，以美国建立国际市场网络，形成出口、配套、维修的全球产业布局。通过收购拿到的专利技术，提升万向中国的制造能力从而提高产品质量，借助被收购公司原有的品牌和销售渠道，进入西方主流市场，并逐步推广"万向"品牌。

万向为中国制造业加入全球产业分工提供了"反向 OEM"模式——并购外国公司，然后为它进行 OEM，为中国企业在技术上的自主创新，在全球范围内整合资源，快速发展树立了典范。

三、万向国际化经营情况

（一）围绕主流市场、主导产品，向新能源、高端车型发展

近年来，万向在大众、宝马、福特、神龙等合资主机厂已有配套项目批量供货与市场份额的基础上，进一步拓展获得了一汽大众、广汽三菱、东风日产、长安标致、神龙汽车等主流主机厂高端车型上新配套项目，全年重点主机配套市场实现销售 60.98 亿元。轮毂轴承单元继获得大众 MQB 平台定点后，再次发力大众新能源汽车 MEB 平台，获得定点供货提名；等速驱动轴获

得一汽大众捷达新款车型定点资质。在新能源汽车市场项目，取得了上汽通用五菱、北汽新能源、广汽新能源、吉利汽车、云度汽车、爱驰亿维、知豆汽车、零跑汽车、国机智骏的 ABS、EPB、前后制动器、前副车架、后扭力梁等相关产品的配套与合作。

（二）技术创新促转型升级汽车未来越来越智能

公司加快提升智能零部件产品研发与制造能力，重点围绕提升核心技术能力，从基础研究、产品研发、工艺优化与流程再造、品质提升、智能制造等环节全面开展创新促转型升级。围绕汽车产业未来发展趋势，结合公司自身资源优势与未来重点培育发展的主动产品，持续开展"整枝疏果"。

利用物联、大数据、云平台等数字化管理工具与公司内部管理的深度融合，进一步提升管理和运行效率，完成了万向朝数字化管理的转型；完成商务智能 BI、预算合并 BPC 平台的建设；完成万向节厂 MES 项目试运行工作，完成统一研发中心 PLM 项目一阶段图文档功能上线。

围绕核心能力提升，加快投资发展。围绕公司重点培育发展的主导产品，匹配高端市场，开拓、结合《中国制造 2025》战略纲要，顺应智能制造的发展潮流，加快推动公司向先进制造业企业转型升级，进一步加大了对智能产线与对现有生产线智能化改造力度。进一步加大了对轮毂轴承单元、等速驱动轴、万向节等主导产品的投资力度。

四、万向国际化核心逻辑

（一）创新——竞争的法宝

20 世纪 80 年代，鲁冠球在办粮食加工厂时第一个在全县提出承包；90年代对公司实行股份制改造并在乡镇企业中第一个上市，推行集团化管理模式，不断地推出适应企业发展的管理模式；万向在 80 年代就开始大力拓展海外业务，成为第一家向美国出口汽车零部件的中国企业，第一家实行激活智慧、分配未来的经营者基金的企业；第一家提出西进的企业；第一家乡镇企业收购美国纳斯达克上市公司的企业；第一家成立民营企业主导的创业投资公司等。创新贯穿了万向的发展历程，创新成就了万向的辉煌业绩。这一系列在市场、管理、产品、技术等方面的创新，提高了万向的竞争力，使其能够始终站在变革的前列，成为中国乡镇企业的"领头羊"。

（二）人力资源雄厚

1. 鲁冠球的企业家才能

经济学认为，企业家才能是劳动、土地、资本以外的第四个生产要素。没有企业家才能的发挥，劳动、土地、资本就不能实现最优组合。

万向从初创到夹缝中求生存，从专业生产万向节到集团化模式运行，鲁冠球个人的才能和智慧对万向发展的每一步，都起到了决定性的作用。他主动放弃计划经济的统购包销而进行自主营销；坚决放弃占当时一半多产值的其他产品而专攻万向节；在 20 世纪 80 年代就以 43 万元的代价，在全体员工中树立了质量第一的意识；1984 年鲁冠球向国家提的唯一要求是要"买"大学生；面临 WTO 的竞争，建立同国内国际主机厂、大公司的战略联盟；宁可赔钱也要大力开拓海外市场。实践证明，这一系列决策在不同时期对万向的发展起到了非常重要的作用。

2. 优秀的职业经理人群体

企业之间、国家之间的竞争，归根结底是人才的竞争。万向引进与培养并重，同时更注重引进之后的培养。

万向引进人才的第一步是从1980年开始的，那时厂里职工基本都是农民，没有什么文化，鲁冠球决定面向全乡招聘"高素质人才"——高中生，第二年又面向全县招聘。现在这些人大多走上了总经理岗位。他们实践经验丰富，聪明能干，为万向的发展已经和正在做出贡献。但是，他们理论知识不足，没有系统地学习过经济和经营管理知识。为了提高他们的素质，应付日趋激烈的竞争，1995~1997 年，万向把他们分期分批送到清华大学脱产进修；1998年开始，安排、鼓励他们参加各大学的在职 MBA 课程进修班；在对他们的考核条款中，有专门要求订阅管理、经济期刊，每天坚持学习 1~2 小时，每年发表 1 篇专业文章等要求。

 经验借鉴

企业家要有远见卓识，要有全球视野。万向集团能有今天的成功，首要的在于鲁冠球有前瞻意识和世界眼光，能敏锐地依据国际国内市场的变化，不断通过自身改革，主动调整结构和布局。早在 20 世纪 80 年代初，当时中国改革开放不久，万向就选择了外向型发展的道路。当时它还只是一家乡镇企业，产品进不了国家计划。为了企业的生存和发展，鲁冠球果断地决定走出国门，进入国际市场寻求出路，这在当时是极富魄力和远见的决策。因为有远见，有预见性，又有魄力，所以万向能抓住机遇，规避风险，手握胜券，越做越强。万向集团从一家仅有 7 名员工、4000 元资本的小铁匠铺，在 40 来年里，发展成为今天在国内拥有 25 家专业制造企业，在美国、英国、德国、加拿大、澳大利亚等 8 个国家拥有 26 家公司的跨国特大企业。鲁冠球从一个普通农民，嬗变成为一个跨国公司的企业家，就是因为他注重学习和思考，在改革开放大潮中不断冲刷自己身上的小农经济旧观念，逐步树立起全球意识和国际开放合作的新理念。在经济全球化的今天，这是值得许多企业家借鉴和学习的。

①中国企业在海外要注重树立良好的企业形象，诚信守法，坚守道德，履行社会责任，积极回报当地社会，以赢得当地社会的尊重和认可。在万向集团，鲁冠球提出了"以德兴业"的理念，他认为，财富的积累如果带来行为的越轨，那比贫穷更可怕。一个只会赚钱却抛弃公众利益的企业，必定是要被淘汰的企业。他坚信更高的利润率只有与更强的道德意识紧密结合，才能赢得可持续发展的未来。因此，万向集团总是把追求利润的最大化，同顺应国际潮流、服务国家意志、造福社会公众的"大道德"的提升紧密结合起来。万向美国公司严格遵守美国法律，经营透明，管理公开，被称为"阳光下的公司"。美国前财长保尔森对鲁冠球说："美国很多人会成功，但能够同时得到政府的认可和合作伙伴的一致称赞、普遍尊重，那是很少的，而万向集团做到了。"万向集团不仅重德守法，而且有很强的社会责任意识，积极回报当地社会。鲁冠球说："外国人都觉得同我们合作很放心。要合作成功，首先要考虑让别人能赚到钱。只有'双赢'，合作才能持久。"万向集团在美国的 14 个州开办有 28 家工厂，为当地提供了 5600 人的就业岗位。从经济学角度看，恪守诚信，坚守道德、履行社会责任，是企业的一种无形资产，是企业赖以可持续发展的一种重要资源。万向集团在美国的成功，生动地说明了这一点。②中国企业对外投资起步较晚，除了在技术、管理、资金等方面的差距外，不适应国际竞争环境，风险防范意识不强，特别是不善于处理企业

经济利益与社会效益的关系，是"走出去"的中国企业所面临的普遍问题。万向集团的做法给"走出去"的中国企业提供了有益的借鉴。③实施本土化战略，是"走出去"的中国企业顺利融入当地社会，实现生存并获得发展的重要方式。这也是万向集团在海外投资获得成功的一条非常重要的经验。通常中国企业到海外收购时，当地的媒体往往有不少疑虑或猜测，主要关心的是工人就业、生产技术设备是否迁至中国等。相比其他企业，万向美国公司在美国的并购，当地媒体的反应一般较好，这与万向集团实施的本土化战略有关。为了进一步降低运营成本，加快同世界标准接轨，尽快融入当地社会，万向在海外经营中采用了本土化的战略，从市场营销、管理体系、资本运作、人才选用等方面实施本土化。这从万向集团的经验来看，越是国际化，越要本土化；越是本土化，越能国际化。④中国企业"走出去"要循序渐进，不可搞"大跃进"。万向集团在"走出去"的过程中贯彻"循序渐进"的原则。万向的"走出去"首先是从在国外建立营销公司开始的，然后再发展到跨国并购，建立海外生产基地和研发中心。1986年，当时的杭州万向节厂被国务院确定为万向节出口基地，拥有自营进出口权。从这以后，鲁冠球开始大批派人出国考察、学习、培训。1992年前后，鲁冠球开始筹划在美国建立营销公司，1994年，外经贸部正式批准成立万向美国公司，这是一家万向集团全资拥有的营销公司，负责开拓集团的国际市场。1997年万向对一家英国轴承公司进行收购，其后渐入佳境，在美国汽车配件行业收购屡屡得手，一直到2007年收购福特零部件业务。从OEM起步，自价值链低端向高端延伸，"万向模式"是中国本土公司渐进国际化的成功范例之一。万向集团循序渐进的海外拓展策略有助于逐步培养人才、积累经验，并有效控制风险；相反，激进的、一步到位的国际化策略往往被机会主义的动机所拖累，与公司利润和价值最大化的目标背道而驰，蕴含着巨大的风险。⑤中国企业应走自己的路。通过万向集团的视角对中国企业的国际化模式进行探讨，在了解其他各较具代表性的模式的基础上，我们认为，企业在进行国际化的进程中，不能盲目地跟从其他企业的做法，而应当针对企业自身的行业特点、经营情况等，并以先前的成功范例为借鉴，设计一种符合自身发展特色的国际化模式，以实现企业自身的较大发展。例如，万向集团在海外并购中首创的"反向OEM"模式，为中国企业在技术上自主创新，在全球范围内整合资源，快速发展提供了范例。

资料来源：邱海峰：《万向集团的国际化之路》，《工程机械与维修》2005年第15期；郑磊：《万向集团："反向 OEM"国际化》，《新财经》2006年11月6日；万向集团官网以及年报。

 本节启发思考题

1. 中国企业如何在海外树立良好的形象？

2. "反向 OEM"模式对万向集团的国际化进程有什么影响？

3. 如何从"国际营销""国际生产"发展到配置"国际资源"？

4. 中国企业在"走出去"过程中如何克服其他国家存在的刻板印象？

5. 如何解决职业经理人道德风险加大的问题？

6. 如何解决决策程序复杂，效率下降的"大企业病"问题？

7. 如何实现在投资与激励机制上的国际化？

8. 万向集团在国内公司和海外公司分别采用不同管理模式，为什么不能直接把国内的模式移植到国外呢？

专题三　资本国际化企业发展路径分析

以资本扩张为主要动机的国际化企业，一种是受整体行业影响，主业发展放缓，企业亟须找到新的业务增长点；另一种是基于对某一崭新领域（对企业自身而言）的判断，通过对有较好头部资源的企业或是有发展潜力但陷入"瓶颈"的企业进行收购，快速实现新领域的资本扩张。资本国际化战略较市场国际化战略和技术国际化战略而言，对企业融资能力建设有更高的要求，与海内外企业共同设立投资基金、与金融集团签署战略合作协议、资本市场投融资等都是企业融资能力建设的方式（见图5-3）。同时，由于资本国际化企业并购的标的不限制于其所在行业，而是遍布全球各地和各个行业，标的信息的收集和筛选工作大多依靠企业自身投资团队的覆盖和国内外企业战略联盟的信息共享。此后管理经验的重心主要集中在两个方面：一是通过运营调整、人才激励等举措实现单个企业的管理运营工作；二是实现投资标的与企业现有业务模块的整合工作，焕发整体的最优产出。

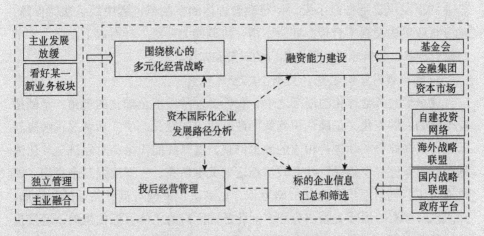

图5-3　资本国际化企业发展路线

第六章

浙商企业国际化管理经验发展策略研究

第一节　政府对策研究

　　经济全球化是世界经济发展的客观趋势和时代发展的必然，其特点是资金、技术、商品、信息、服务自由流动，即生产要素跨国界流动。通过提高国际分工的规模和形式，资源配置范围内各国经济相互依存程度不断加深。经济全球化对中国的影响将是全面的，其中，对政府管理的影响将是最深刻的。分析浙商企业国际化发展过程中凸显的行政管理问题主要表现在：政府观念守旧，职能转变不到位，政府职能在经过多次转变之后还是不完善，尚未完全转变到经济调节、社会管理、市场监管、公共服务等方面上来；管理企业的手段主要是行政手段，使行政管理体制在改革过程中缺乏法律保障；地方行政机构设置不合理，职责不清，协调能力差等。针对以上问题，本节将结合现状，分析原因，提出相应的对策和建议。

　　1. 解放顽固守旧思想，更新全球经济观念

　　置身于经济全球化的浪潮之中，我们必须从经济全球化的视角，不断适应形势的发展变化，正确认识到我国政治稳定的意义，研究新情况，解决新问题，根据社会实际进行相应的政策调整，这是我们积极应对经济全球化浪潮的前提条件，也是保持社会政治稳定的关键所在。一要增强三个意识，即机遇意识、创新意识和全球战略意识，正确认识中国与世界关系的新格局，深入理解丰富的国际关系内容和多元化的国际行为主体，抓住机遇，迎接挑战，积极创新；二要树立四个观念，即国家发展观、安全观、主权观与国际秩序观。进一步贯彻落实科学发展观，搞好五个统筹，全力实现我国经济社会发展与全球化发展之间的良性互动。建立科学的国家安全观，处理好国防建设与经济建设之间的关系，处理好本国安全与国际安全之间的关系，处理

好军事手段与非军事手段之间的关系，努力维护国家综合安全。

2. 精简机构明确责任，深化改革灵活高效

在经济全球化时代，直接面临竞争的是企业，承受最大挑战的是政府。中国要在国际市场上按照共同的竞争机制、共同的工具和规则展开竞争，从而真正把中国政府推向国际大舞台。在这一点上，行政体制的优劣、政府效率的高低就成为决定竞争成败的关键，而我国的行政管理体制和管理手段与发达国家相比存在明显的差距。经济全球化的迅速蔓延，使社会公共事务的复杂性、多变性日益明显，在这种情况下，政府应当更加灵活和高效，具有灵敏的应变能力和较强的创造能力，在这一点上，中国既要在经济体制方面进行转型，又要尽快跟上市场经济全球化的时代潮流，借鉴先进国家的经验，建立高效政府。必须切实履行宏观调控、社会管理和公共服务三大职能，在公共管理和服务中，体现公共管理的原则，引入市场经济中的竞争机制，积极推行市场化改革，降低管理成本、提高管理效率和管理水平。要结合中共十八届三中全会的指导精神，全面深化改革，并贯彻到社会政治生活的各个层面。

3. 拓展境外标的获取渠道，搭建服务共享平台

搭建以政府为主导，商会、企业、中介机构、海外华人协同共建的五位一体服务共享平台，为浙江省企业提供信息咨询、部门协调、突发事件处理等服务。首先，了解企业境外并购想法、排摸重点项目和大项目，统一设计与建立并购需求、标的和机构等信息模块，建立海外并购标的库。建立企业境外投资意向信息平台，可以将具备一定实力、符合一定条件的企业的境外投资意向，如投资行业、投资规模以及对合作伙伴的要求等信息对外发布。有针对性地发送最新对外投资政策、法规，把主要投资国的社会经济情况、投资政策、相关招商信息及时推介给有实力"走出去"的企业。其次，建立驻在国（地区）投资项目招商信息平台，各驻外使馆经商机构加强与驻在国（地区）相关部门和企业的联络和交往，挑选可靠的投资项目招商信息在该平台上发布，同时加大与普华永道、毕马威等中介机构的合作力度，开展委托招商工作，发布专业性强、有一定资质的投资中介机构信息。推动浙江省上市企业间信息共享、经验交流，建立浙江省海外并购俱乐部。

4. 优化海外经营金融环境，创新投融资体系

创新金融服务体系，鼓励开发性金融、政策性金融与商业金融间的功能

性协作，通过分工与合作形成高效、有序、协作的综合性投融资体系。着力优化境外金融机构的营商环境，全面调研境外金融机构在浙江产业中的问题和障碍，积极打造适应外资金融机构发展的土壤环境，降低运行成本，增加政策透明度，提升行政审批效率，健全社会信用体系，推进金融市场法制化，树立浙江金融服务和金融文化的世界品牌。将改革和落实"一路一带"倡议相衔接，与长三角一体化政策相配套，推动人民币在资本项目下可兑换，拓展跨境金融业务。完善保险服务，鼓励商业保险和担保机构"走出去"，开发针对企业国际化经营的多种类产品，帮助企业防范和化解潜在投资风险。加强外汇政策的咨询和服务，指导企业做好汇率风险管控，减低财务成本。完善国际化企业税收优惠政策，加强对税收饶让、延迟纳税、亏损结转、境内外盈亏互补等政策的研究。

5. 畅通引才用才渠道，构建本土化人才培养模式

当我们谈论国际化人才时，并不仅指将某一岗位或某个部门的人培养成国际化人才。产业的国际化要求产业链上各岗位、各部门员工都应该成为国际化的人才。政府部门应出台一系列的政策、措施加强对行业领军人才、翻译人才、经营管理人才等的培养力度，并筹建各类人才资源库，一定程度上缓解当下企业进行国际化发展对人才的迫切需求。一方面要对现有行业人员加大培养力度，使之适应当代国际化的新要求；另一方面应更加注重基础人才的培养，从产业未来发展需要出发，通过政、产、学结合，有针对性地对本土未来的管理经验人才以国际化的视野在全球范围内进行培养，实现本土人才国际化。此外，构建"走出去"与"就地取材"相结合的聚才用才体制机制，引进一批拥有丰富境外并购重组经验的外籍专家；培养一批熟悉西方发达国家产业政策、用工政策、税收政策以及金融信贷政策的专业化人才，打造本土化人才供应链与管理体系。立足于国际化人才的实际需求，建立落实配套的薪资、职称、国际医疗、保险、子女教育、个人税收等政策，吸引全球优秀人才为台州市企业国际化经营提供智力支持。

6. 发挥龙头带动工作，鼓励企业抱团出海

由政府部门指导，行业协会或龙头企业牵头建立企业海外并购战略联盟，推动龙头企业整合上下游产业链，探索强强联合、以大带小的"抱团出海"路径。把产业功能性"走出去"作为我国的外交武器。无论是基建类企业、电力类企业，还是农业类企业，到投资对象国会整体提升发展功能、改

善投资环境。因此，在确定投资对象国时，应以友好国家为第一选择；对于非友好国家，以帮助改善投资环境为条件，换取该国在其他方面的支持；或者选择一些有战略价值的国家进行投资，为我国长远战略布局创造条件。政府在组织企业出国考察和与投资对象国谈判时，应提出境外产业园区建设要求，签约后由园区建设企业具体落实，或与对象国共建园区。使不同行业企业"抱团"在园区发展，统一处理与当地政府和社会各界关系，减少企业麻烦和风险。政府要探索境外设立工业园区发展模式，做好产业与招商规划，争取税收等经营优惠，帮助企业解决市场、资金、税收、法律、土地、用工等方面的挑战。推动要素和产业集聚，加快构建东道国产业体系；推动境外产业园与台州园区的合作模式，有效链接产能、技术、人才和管理优势。

7. 引导境外并购项目回归，助力浙江裂变发展

出台境外并购项目回归在土地使用、税费减免等方面扶持政策，鼓励境外项目，制造基地、研发基地的浙江落户。注重发挥各级政府产业基金引导作用，吸引社会资本通过组建定向基金和并购基金等方式，支持世界500强跨国公司地区总部项目、境外"隐形冠军"企业投资项目、外资并购或国内企业海外并购回归项目。支持海外孵化投资，鼓励省内企业通过海外创新孵化中心等创新载体，带动国外专家团队引进和高端项目回归，不断完善"资本孵化＋招引回国＋国内成长"模式。支持有条件的地方建设境外并购回归产业园，推进高质量境外并购项目回归发展；实施校友回归工程，鼓励省内高校招引校友携项目或技术回归创业。牵头浙商、金融机构等，设立浙江省境外并购项目回归投资基金会，鼓励起通过股权、债权形式等形式对境外并购回归项目进行投资，立足浙江产业优势与短板，聚焦八大千亿产业，大力引进境外回归核心项目、引领项目，依托浙江省境外并购回归产业园，助力浙江发展裂变。

8. 加强企业约束，引导合规经营

一是组织开展合规培训，增强企业家合规经营意识。从国际跨国公司与中央企业强化合规管理的经验来看，企业领导层的合规经营意识与诚信合规的价值观对引导企业合规经营起着决定性作用。对于中小企业来说，要对企业"一把手"进行合规培训，提升他们的合规经营意识。政府相关部门可以组织企业家开展合规培训，增强企业家的合规意识。同时，可以组织合规专家走进企业，对企业开展合规培训，与企业管理层就合规问题进行交流，提

升企业整体合规水平。二是总结合规管理经验，推动民营企业建设合规管理体系。政府相关部门对民营企业合规管理体系建设情况进行调研，对已经建立合规管理体系的民营企业的成功经验进行总结，对存在的问题进行分析，帮助这些企业优化和完善合规管理体系。同时，进一步总结经验，形成一批可以复制推广的经验和行业合规管理标准，在更多的行业和民营企业中推动合规管理。在此基础上，可以借鉴国家发改委、国务院国资委发布的合规管理指引文件，出台针对民营企业合规体系建设的《民营企业合规管理体系指引》文件，为民营企业建设合规管理体系提供可借鉴的方法，降低合规管理体系建设成本。三是建立激励约束机制，对合规经营的民营企业加大支持力度。政府部门手中的监管资源是有限的，要用好"胡萝卜"与"大棒"两种手段。在加大对不合规经营企业打击力度的同时，还应该鼓励民营企业开展合规管理建设，让它们增强合规风险意识，加强自我约束。同时，要对那些开展合规经营的企业，在信贷等方面加大政策支持力度，让合规经营的企业获得更多政策支持的红利与更多的商业机会，减少"劣币驱逐良币"现象。

第二节　企业对策研究

1. 做好法律尽职调查，识别各类风险

根据传统的法系区分方法，主要有两类劳动法律体系。一类是英美法系，以判例法为主，包括英国、美国、澳大利亚等多为发达国家，判例法最为显著的特色在于判例较多，对于非专业人士查明难度极高。另一类是大陆法系，以成文法为主，包括日本、中国台湾、德国等。与英美法系差异较大的是，大陆法系国家对雇主的保护力度远远弱于对雇员的保护，呈现出鲜明的倾斜性。从执行角度看，则又呈现出两类不同的趋势。发达的大陆法系国家如德国、日本，对于劳动法律的执行也是十分严格，通常会有专设部门或机关对企业的劳动用工进行监管。而欠发达的大陆法系国家在劳动法律法规方面则形成国家高标准立法、企业普遍性违法、机关选择性执法的氛围。对于劳动用工法律体系的区分有助于企业了解当地的劳动法律环境，为企业进入当地进行员工管理形成初步性预判。

基于对当地国劳动法律环境的认识，要实现劳动用工合规需要对当地国劳动法律尤其是雇主责任、雇员待遇等方面需要进行具体查明，了解哪些属于用工"高压线"。虽然外国法律查明有较大难度，但企业通常可以通过以下途径对东道国劳动用工法律法规产生一定了解：东道国政府机构的公示与解读，企业可以向负责管理劳动事务、商务以及边境事务的行政部门通过电话、邮件或官网等方式进行查询、咨询；东道国劳动法院、产业关系法庭的判决、决定；东道国的工会组织网站；商务部及各地商务委的对外投资指南；中国驻东道国使领馆网站；律师事务所协助查明并识别主要风险。

2. 加强和当地政府及合作伙伴的合作，分担融资风险

浙商企业在"走出去"的过程中要更加注意加强和中小企业开展合作，针对海外投资的"融资"挑战，企业需要创新思维，强调风险分担，打破一味依赖企业自身担保的困局，与全球产业链上千千万万个中小企业建立起联系，实现互利"双赢"。同时，结合项目当地投资和税收法规以及项目自身特点，对项目的投资架构和运营模式进行规划，利用海外投融资平台优势，有效降低税务成本，将项目投资开发运营的风险转移给市场。浙商企业应加强与跨国公司合作。浙商企业从"走出去"到全方位宽领域参与经济全球化，取得了重大成绩，但与美国、日本、欧盟等发达国家长期深度参与全球化竞争，投资时间长、经验丰富的跨国公司相比，仍然显得年轻，浙商企业理应向他们学习，寻求合作机会，有效规避潜在的风险。同时，浙商企业应加强与国际机构合作。目前，世界很多多边机构支持"一带一路"项目，鼓励与中国企业加强合作。中国企业加强与包括世界银行、亚投行、金砖国家新开发银行、WTO、CPTPP等国际机构合作，可以为中国企业"走出去"提供资金和市场准入等方面的支持，更好规避风险，增加发展的可持续性。

3. 培养和选聘双管齐下，建立人才"选用育留"机制

随着企业国际化业务的高速发展，人才的数量、质量、结构等方面都无法满足发展要求，企业应该具备全球化意识，注重培养具有全球视野的掌握翻译技术、语言能力、专业知识、行业规则的专业化人才，重构传统的人才培养战略。一要培养树立家国情怀，面向世界。既有家国情怀，又能放眼全球，关注世界性问题和人类的共同命运。在全球制造业激烈竞争的今天，要能够沉着应对前所未有的严峻挑战，积极投身"一带一路"、《中国制造2025》的伟大实践中。二要培养具备国际化视野，合作制胜，新时代的国际化人才

要能够以国际化视野去思考问题、分析问题，深化协商合作，寻求解决方案。尤其是国际化语言服务专业人才在全球仍旧属于"稀缺种族"，注重国际化人才培育就能为企业打造"走出去"驱动新势力群。

在选人用人上，不仅要强调能力建设，更要强化文化的融合。一直以来，外籍员工的任用，使外籍员工的管理、文化融合成为中国企业人才管理的新课题，浙商企业在选用国际化人才时，要聘选那些熟悉我国国情，了解世界历史和当今国际社会发展趋势，具有全球化思维、国际化视野，具备较强的专业能力、跨文化管理能力和创新能力，能够积极参与国际市场开拓、合规经营，为中国代言，为企业代言的人才。此外，将总部人才管理架构或人才配置直接复制至当地海外公司的模式显然无法满足海外经营状况，人才体系转型，建立一套国际化人才的"选用育留"体系，对企业国际化发展具有长期而深远的意义。

4. 重视投资并购后的整合工作，提前准备应对预案

投资整合工作量大、周期长、复杂程度高，不同的国家、不同的利益体之间往往会产生利益冲突等都是中国企业国际化过程中无可规避的考验。就企业而言，一是清晰界定整合范围，与所有利益方达成一致。购方需要对双方的潜在协同效应有清晰的认识，深入分析，以评估可量化的协同效应，并且对实现这些协同效应制定明确的计划和时间表。设定一个高效的、与目标契合的整合计划，同时该计划能够被高效低成本地执行，对于核心业务，拥有一个共同愿景、一个稳健的战略和一个清晰的业务汇报体系；一个清晰的路线图，以此来利用合并后新平台产生新的增长机会，包括交叉销售、品牌延伸、采购战略、新产品开发和创新。二是组织高管讨论会就原有的业务预测进行讨论并取得共识；组织业务管理层讨论会进行"头脑风暴"式讨论会，寻找能够利用合并后的新平台的潜在业务增长方案（如交叉销售、品牌延伸、采购战略以及新产品研发和革新等）；分配职责，明确各方在后继阶段中制定业务增长行动方案的职能和责任。

5. 更改贸易区域和绕道进出口并举，应对中美贸易战

中美贸易战愈演愈烈，美国对中国采取进口关税提升、高新技术封锁等一系列举措影响，一定程度上阻碍中国对外贸易出口。企业可从以下几个维度出发，积极应对中美贸易战。一是寻求新的贸易方向。基于"一带一路"倡议的良好发展，深化与沿线国家的企业的合作，同时这为中国与欧盟地区

的经济合作创造巨大机会，通过增加对欧盟、东盟的进出口来缓释来自美国的压力。二是采用合理的避税措施来保护自己的利益，如利用征税规定中的漏洞，或通过在国外设立分公司、生产线、办事处等，合理规避高税收壁垒，高度重视并做好汇率避险，密切跟踪汇率走势，预防汇率波动风险，在贸易结算时尽可能使用人民币，通过结算币种规避贸易风险。三是多布局网点，分散客户资源，将贸易多元化，"不将鸡蛋放在一个篮子里"，这样才会将潜在风险的威胁降到最低。四是提升外贸效率降低外贸成本建立品牌，目前传统外贸的最大痛点就是处于产业链的最底端，产品利润低，要解决中美贸易战的影响核心还是往外贸产业链更高层次走，比如建立外贸的品牌，提示利润，降低成本。此外，可以通过外贸综服平台，普通的外贸小微企业可以真正降低外贸成本，提升外贸效率，建立外贸品牌，真正提升自己企业的外贸抗风险能力。

参考文献

［1］蔡玉麟.也谈中国管理研究国际化和管理理论创新——向张静、罗文豪、宋继文、黄丹英请教［J］.管理学报，2016，13（8）：1135-1149.

［2］曾德明，张磊生，禹献云等.高新技术企业研发国际化进入模式选择研究［J］.软科学，2013，27（10）：25-28.

［3］陈国宏，邵赟.技术引进与我国工业技术进步关系研究［J］.科研管理，2001（3）：35-42.

［4］陈劲，朱朝晖.我国企业技术创新国际化的资源配置模式研究［J］.科研管理，2003，24（5）：76-83.

［5］陈柳钦.有关全球价值链理论的研究综述［J］.重庆工商大学学报（社会科学版），2009，26（6）：55-65.

［6］陈衍泰，吴哲，范彦成等.研发国际化研究：内涵、框架与中国情境［J］.科学学研究，2017，35（3）：387-395.

［7］陈衍泰，李欠强，王丽等.中国企业海外研发投资区位选择的影响因素——基于东道国制度质量的调节作用［J］.科研管理，2016，37（3）：73-80.

［8］陈衍泰，罗来军，林泽梁.中国企业海外研发的进入模式与研发强度关系——基于跨案例的研究［J］.科学学研究，2011，29（5）：722-727.

［9］戴觅，余淼杰.企业出口前研发投入、出口及生产率进步——来自中国制造业企业的证据［J］.经济学（季刊），2011（1）：211-230.

［10］戴翔，郑岚.制度质量如何影响中国攀升全球价值链［J］.国际贸易问题，2015（12）：51-63.

［11］杜群阳，朱勤.海外投资的R&D外溢：高技术产业的实证分析［J］.财贸经济，2007（9）.

［12］方军雄.政府干预、所有权性质与企业并购［J］.管理世界，2008（9）：118-123.

［13］付秀梅，陈倩雯，王东亚等．我国海洋生物医药研究成果产业化国际合作机制研究［J］．太平洋学报，2015（12）：93-102.

［14］高振，江若尘．企业资源、交易成本与跨国公司国际市场进入模式选择［J］．财贸研究，2018，29（8）：53-65.

［15］葛和平，曹家和．跨国公司在华设立 R&D 中心的利弊分析［J］．科技管理研究，2007（8）.

［16］关涛，薛求知，秦一琼．基于知识嵌入性的跨国公司知识转移管理——理论模型与实证分析［J］．科学学研究，2009，27（1）：93-100.

［17］管豪．对跨国公司在我国设立研发机构的思考［J］．经济研究导刊，2007（6）.

［18］郭重庆．中国管理学界的社会责任与历史使命［J］．管理学报，2008（3）.

［19］韩民春，马于超．跨国公司在华 R&D 投资对我国制造业技术创新的影响［J］．生产力研究，2010（10）：191-194.

［20］郝晓强．研发投入对企业纵向一体化决策的影响——基于知识溢出的视角［J］．科技与企业，2012（2）：48-49.

［21］何琼，王铮．跨国 R&D 投资在中国的区位因素分析［J］．中国软科学，2006（7）：113-120.

［22］何智蕴，周晓东，方宜．大型跨国公司在华投资基本情况及对我国经济影响分析［J］．华东经济管理，2004，18（4）：68-71.

［23］侯士军，曹洪．跨国公司在华研发投资的效应及影响［J］．国际经济合作，2004（3）.

［24］扈丹平．我国海洋新兴产业国际竞争力研究［D］．哈尔滨工程大学，2010.

［25］黄丽丽，綦建红．中国企业从出口到 OFDI 的渐进国际化——基于不确定性的视角［J］．南方经济，2018，37（1）：115-132.

［26］贾旭东，何光远，陈佳莉等．基于"扎根精神"的管理创新与国际化路径研究［J］．管理学报，2018（1）：11-19.

［27］贾旭东，谭新辉．经典扎根理论及其精神对中国管理研究的现实价值［J］．管理学报，2010，7（5）：656.

［28］简兆权，陈键宏，王晨．政治和商业关联、知识获取与组织创新关

系研究［J］.科研管理，2014，35（10）：12-25.

［29］江小涓.跨国公司在华投资企业的研发行为［J］.科技导报，2000（9）.

［30］江雅雯，黄燕，徐雯.政治联系、制度因素与企业的创新活动［J］.南方经济，2011（11）：3-15.

［31］姜秉国.中国海洋战略性新兴产业国际合作领域识别与模式选择［J］.中国海洋大学学报（社会科学版），2013（4）：7-12.

［32］蒋殿春，张宇.经济转型与外商直接投资技术溢出效应［J］.经济研究，2008（7）.

［33］景劲松，陈劲，吴沧澜.我国企业 R&D 国际化的现状特点及模式［J］.研究与发展管理，2003，15（4）：41-47.

［34］寇冠华.山东省海洋生物医药业国际合作模式选择探究［D］.中国海洋大学，2015.

［35］李彬.论政府在我国海洋工程装备制造产业“国际化”战略中的职能定位［J］.经济研究导刊，2010（23）：74-75.

［36］李大海，韩立民.青岛市海洋战略性新兴产业发展研究［J］.海洋开发与管理，2016，33（11）：18-22.

［37］李靖宇，陈医.中国海洋经济开发的战略性新兴产业成长导向［J］.决策咨询，2012（6）：6-14.

［38］李梅.国际 R&D 溢出与中国技术进步——基于 FDI 和 OFDI 传导机制的实证研究［J］.科研管理，2012，33（4）：63-64.

［39］李善民，周小春.公司特征、行业特征和并购战略类型的实证研究［J］.中国工商管理研究前沿，2009（2）：130-137.

［40］李晓璇，刘大海，李晨等.海洋战略性新兴产业集群形成机理的初步探索［J］.海洋开发与管理，2016，33（11）：3-8.

［41］李晓钟，张小蒂.外商直接投资对我国技术创新能力影响及地区差异分析［J］.中国工业经济，2008（9）：77-87.

［42］李艳，柳士昌.全球价值链背景下外资开放与产业升级——一个基于准自然实验的经验研究［J］.中国软科学，2018（8）：165-174.

［43］李垣，杨知评，王龙伟.从中国管理实践的情境中发展理论——基于整合的观点［J］.管理学报，2008，5（4）：469.

［44］李正卫，黄益，潘晓霞等.中国企业研发国际化影响因素研究——计算机、通信及其它电子设备制造业上市公司实证分析［J］.科技进步与对策，2014（21）：70-75.

［45］梁正，薛澜，朱琴等.研发全球化与本土知识交流：对北京跨国公司研发机构的经验分析［J］.世界经济，2008，31（2）：3-16.

［46］刘大海，吕尤，连晨超等.中国全球化海洋战略研究［J］.海洋开发与管理，2017，34（3）：20-28.

［47］刘凤朝，马逸群.华为、三星研发国际化模式演化比较研究——基于USPTO专利数据的分析［J］.科研管理，2015，36（10）：11-18.

［48］刘海朋，陈东景等.我国海洋战略性新兴产业支撑条件时空差异分析［J］.海洋开发与管理，2016，33（11）：9-17.

［49］刘云，叶选挺，杨芳娟等.中国国家创新体系国际化政策概念、分类及演进特征——基于政策文本的量化分析［J］.管理世界，2014（12）：62-69.

［50］刘志彪.国际外包视角下我国产业升级问题的思考［J］.中国经济问题，2009（1）.

［51］马琳，吴金希.全球创新网络相关理论回顾及研究前瞻［J］.自然辩证法研究，2011（1）：109-114.

［52］马述忠，张洪胜，王笑笑.融资约束与全球价值链地位提升——来自中国加工贸易企业的理论与证据［J］.中国社会科学，2017（1）：83-107.

［53］毛伟，杜军，温秋靖.我国海洋战略性新兴产业国际化发展研究［J］.海洋开发与管理，2018，35（2）：7-10.

［54］毛伟，居占杰.广东省战略性新兴海洋产业布局研究［J］.河北渔业，2013（1）：43-45.

［55］潘红波，夏新平，余明桂.政府干预、政治关联与地方国有企业并购［J］.经济研究，2008（4）：41-52.

［56］潘秋玥，魏江，刘洋.企业研发网络国际化研究述评与未来展望［J］.外国经济与管理，2013，35（8）：27-35.

［57］綦建红，孟珊珊.要素禀赋、贸易成本与中国出口产品多元化的目标国差异——以"一带一路"沿线国家为例［J］.南方经济，2016（8）：42-59.

[58] 綦建红，王亚运.我国企业出口转向 OFDI 的多维影响因素——基于微观数据的检验 [J].中国经济问题，2015（2）：86-97.

[59] 申明浩，杨永聪.基于全球价值链的产业升级与金融支持问题研究——以我国第二产业为例 [J].国际贸易问题，2012（7）：3-11.

[60] 苏杭，郑磊，牟逸飞.要素禀赋与中国制造业产业升级——基于 WIOD 和中国工业企业数据库的分析 [J].管理世界，2017（4）：70-79.

[61] 汪涛，贾煜，王康等.中国企业的国际化战略：基于新兴经济体企业的视角 [J].中国工业经济，2018，362（5）：176-193.

[62] 王春法.科技全球化与中国科技发展的战略选择 [M].北京：中国社会科学出版社，2008.

[63] 王洛林，江小涓，卢圣亮.大型跨国公司投资对中国产业结构、技术进步和经济国际化的影响（上）——以全球 500 强在华投资项目为主的分析 [J].中国工业经济，2000（4）：5-187.

[64] 王晓燕，俞峰，钟昌标.研发国际化对中国企业创新绩效的影响——基于"政治关联"视角 [J].世界经济研究，2017（3）：78-86.

[65] 王秀海.山东省海洋战略性新兴产业发展效应评价研究 [J].经济论坛，2017（3）：28-30.

[66] 王珍义，苏丽，陈璐.中小高新技术企业政治关联与技术创新：以外部融资为中介效应 [J].科学学与科学技术管理，2011，32（5）：48-54.

[67] 魏龙，王磊.全球价值链体系下中国制造业转型升级分析 [J].数量经济技术经济研究，2017（6）：72-87.

[68] 吴航，陈劲，金珺.新兴经济国家高技术企业技术资源与国际化关系研究——来自"中国光谷"产业园区的证据 [J].科学学研究，2012（6）：72-78.

[69] 吴兰，陆省娟.跨国公司在华设立研发机构现状及不利影响分析 [J].沿海企业与科技，2006（10）.

[70] 吴林海，罗佳.跨国 R&D 投资技术溢出效应的理论分析框架 [J].中国人民大学学报，2007（2）.

[71] 吴术.浅析中国资源类企业海外并购的策略 [J].全国流通经济，2013（12）：65-68.

[72] 邢斐，张建华.外商技术转移对我国自主研发的影响 [J].经济研

究，2009，44（6）：94–104.

［73］薛澜，陈衍泰，何晋秋.科技全球化与中国发展［M］.北京：清华大学出版社，2015.

［74］薛澜，柳卸林，穆荣平等.OECD中国创新政策研究报告［M］.北京：科学出版社，2011.

［75］闫雪凌，胡阳.制度、文化与中国OFDI的利益动机［J］.南方经济，2016（6）：1–17.

［76］杨高举，黄先海.内部动力与后发国分工地位升级——来自中国高技术产业的证据［J］.中国社会科学，2013（2）：25–45.

［77］杨玲雅.跨国公司在华R&D投资对我国技术创新的影响及对策研究［D］.厦门大学，2006.

［78］杨平丽，张建民.出口企业发展为对外直接投资的决定因素——基于企业异质性视角的经验研究［J］.南大商学评论，2015（3）：49–68.

［79］杨战胜，俞峰.政治关联对企业创新影响的机理研究［J］.南开经济研究，2014（6）：32–43.

［80］杨震宁，李东红，王以华.中国企业研发国际化：动因、结构和趋势［J］.南开管理评论，2010，13（4）：44–55.

［81］余琼蕾，范钧.从义乌中国小商品城看我国大型专业市场的国际化［J］.商场现代化，2006（28）：3–4.

［82］喻世友，万欣荣，史卫.论跨国公司R&D投资的国别选择［J］.管理世界，2004（1）：46–54.

［83］袁建国，后青松，程晨.企业政治资源的诅咒效应——基于政治关联与企业技术创新的考察［J］.管理世界，2015（1）：139–155.

［84］张辉.全球价值链理论与我国产业发展研究［J］.中国工业经济，2004（5）：38–46.

［85］张纪凤.中国企业海外R&D投资影响因素的实证研究［J］.国际经贸探索，2014（7）：74–83.

［86］张静，罗文豪，宋继文等.中国管理研究国际化的演进与展望——中国管理研究国际学会（IACMR）的发展范例与社群构建［J］.管理学报，2016，13（7）：947–957.

［87］张战仁，李一莉.全球创新价值链模式的国际研发投资转移研究

［J］. 科学学研究，2015（10）：1487-1495.

［88］钟昌标，黄远浙，刘伟 . 新兴经济体海外研发对母公司创新影响的研究——基于渐进式创新和颠覆式创新视角［J］. 南开经济研究，2014（6）：91-104.

［89］仲雯雯 . 国内外战略性海洋新兴产业发展的比较与借鉴［J］. 中国海洋大学学报（社会科学版），2013（3）：12-16.

［90］周国红，陆立军 . 义乌商圈国际化经营的基本态势与对策研究——基于 6363 份问卷的调查与分析［J］. 国际贸易问题，2007，289（1）：77-83.

［91］周升起，兰珍先，付华 . 中国制造业在全球价值链国际分工地位再考察——基于 Koopman 等的 "GVC 地位指数"［J］. 国际贸易问题，2014（2）：3-12.

［92］Agrawal, A., Jaffe, J.F., Mandelker, G.N. The Post - Merger Performance of Acquiring Firms：A Re - examination of an Anomaly［J］. The Journal of Finance, 1992, 47（4）：17.

［93］Albino, V., Carbonara, N., Messeni, P.A. Technology Districts：Proximity and Knowledge Access［J］. Journal of Knowledge Management, 2007, 11（5）：98-114.

［94］Albornoz, F., H. F. Calvo-Pardo, G. Corcos and E. Ornelas, "Sequential Exporting"［J］. Journal of International Economics, 2012, 88（1）：17-31.

［95］Ambos, B.Foreign Direct Investment in Industrial Research and Development：A Study of German MNCs［J］. Research Policy, 2005, 34（4）：395-410.

［96］Artopoulos, A., D. Friel and J. C. Hallak. Lifting the Domestic Veil：The Challenges of Exporting Differentiated Goods across the Development Divide［R］. NBER Working Paper, 2011.

［97］Athukorala, P.C., Kohpaiboon, A. Globalization of R&D by US-based multinational enterprises［J］. Research Policy, 2010, 39（10）：1335 – 1347.

［98］Bas, C.L., Sierra, C. "Location Versus Home Country Advantages" in R&D Activities：Some Further Results on Multinationals' Locational Strategies［J］. Research Policy, 2002, 31（4）：589-609.

［99］Belderbos, R.Overseas Innovations by Japanese Firms：An Analysis of

Patent and Subsidiary Data [J]. Research Policy, 2001, 30（2）: 313–332.

[100] Birkinshaw J., Bresman, H., Nobel R.Knowledge Transfer in International Acquisitions : A retrospective [J]. Journal of International Business Studies, 2010, 41（41）: 21–26.

[101] Bo C.Internationalization of Innovation Systems : A survey of the Literature [J]. Research Policy, 2006, 35（1）: 56–67.

[102] Boyer E. L. Scholarship Reconsidered : Priorities of the Professoriate. [M]. Wiley:Jossey–Bass, 1990.

[103] Brainard, S. L. An Empirical Assessment of the Proximity–Concentration Trade–off between Multinational Sales and Trade [J]. The American Economic Review, 1997, 87（4）: 520–544.

[104] Brouthers, K. D. and J. F. Hennart.Boundaries of the Firm : Insights from International Entry Mode Research [J]. Journal of Management, 2007, 33（3）: 395–425.

[105] Cantwell, J. The Globalization of Thchnology : What Remains of the Product Cycle Model [M] //In : Archibugi D., Michic J., (eds.), Technology Globalisation and Economic Performance. Cambridge : Cambridge University Press, 1997 : 215–240.

[106] Chen, C.J., Huang, Y.F., Lin B.W. How Firms Innovate through R&D Internationalization? An S–curve Hypothesis [J]. Research Policy, 2012, 41（9）: 1544–1554.

[107] Cheng, J., Bolon, D.S. The Management of Multinational R&D : A Neglected Topic in International Business re search [J]. Journal of International Business Studies, 1993, 24（1）: 1–18.

[108] Conconi, P., A. Sapir and M. Zanardi.The Internationalization Process of Firms : From Exports to FDI [J]. Journal of International Economics, 2016, 99（1）: 16–30.

[109] Cui, A.S., Griffith, D.A., Cavusgil S.T., et al. The Influence of Market and Cultural Environmental Factors on Technology Transfer between Foreign MNCs and Local Subsidiaries : A Croatian Illustration [J]. Journal of World Business, 2006, 41（2）: 100–111.

［110］Davis, P.S., Desai, Ashay B, Francis, John D. Mode of International Entry : An Isomorphism Perspective ［J］. Journal of International Business Studies, 2000, 31（2）: 239-258.

［111］Demirbag, M., Glaister, K.W. Factors Determining Offshore Location Choice for R&D Projects : A Comparative Study of Developed and Emerging Regions［J］. Journal of Management Studies, 2010, 47（8）: 1534-1560.

［112］Dunning, J.H., Wymbs, C. The Challenge of Electronic Markets for International Business Theory ［J］. International Journal of the Economics of Business, 2001, 8（2）: 273-301.

［113］Engel, D. and V. Procher, "Export, FDI and Firm Productivity" ［J］. Applied Economics, 2012, 44（15）: 1931-1940.

［114］Fagerberg, J., Mowery, D.C., Nelson, R.R.The Oxford Handbook of Innovation［M］. Oxford : Oxford University Press, 2005.

［115］Filippaios, F., Papanastassiou, M., Pearce, R., et al.New Forms of Organisation and R&D Internationalisation Among the World's 100 Largest Food and Beverages Multinationals ［J］. Research Policy, 2009, 38（6）: 1032-1043.

［116］Fors, G., Zejan, M.Overseas R&D by Multinationals in Foreign Center of Excellence［R］. Working Papers No. 11, March . Stockholm School of Economics, 1996 : 203-214.

［117］Fu, X.Foreign Direct Investment and Managerial Knowledge Spillovers through the Diffusion of Management Practices ［J］. Journal of Management Studies, 2012, 49（5）: 970-999.

［118］Gassmann, O., Von Zedtwitz M. Organization of Industrial R&D on a global Scale［J］. R&D Management, 1998, 28（3）: 147-161.

［119］GEREFFIG. International Trade and Industrial Upgrading in the Apparel Commodity Chains ［J］. Journal of International Economics, 1999a（48）.

［120］GEREFFIG.A Commodity Chains Framework for Analyzing Global Industries ［C］. Working Paper for IDS, 1999b.

［121］Greenaway, D. and R. Kneller, "Firm Heterogeneity, Exporting and Foreign Direct Investment" ［J］. The Economic Journal, 2007, 117（517）: 134-161.

［122］Greffi, G. International Trade and Industrial Upgrading in the Apparel commodity Chain［J］. 1999, 48（1）: 37–70.

［123］Grevesen, C.W., Damanpour, F.Performance Implications of Organisational Structure and Knowledge Sharing in multinational R&D Networks［J］. International Journal of Technology Management, 2007, 38（1–2）: 113–136.

［124］HAUSMANNR, HWANG, J., et al. What You Export Matters.［J］Journal of Economic Growth, 2007, 12（1）: 1–25.

［125］Head, K. and J. Ries.Heterogeneity and the FDI Versus Export Decision of Japanese Manufactures［J］. Journal of the Japanese and International Economies, 2003, 17（4）: 448–467.

［126］Helpman, E., M. J. Melitz and S. R. Yeaple.Export Versus FDI with Heterogeneous Firms［J］. American Economic Review, 2004, 94（1）: 300–316.

［127］Herstad, S.J., Aslesen, H.W., Ebersberger, B.On Industrial Knowledge Bases, Commercial Opportunities and Global Innovation Network Linkages［J］. Research Policy, 2014, 43（3）: 495–504.

［128］Horstmann, I. J. and J. R. Markusen.Exploring New Markets : Direct Investment, Contractual Relations and the Multinational Enterprise［J］. International Economic Review, 1996, 37（1）: 1–19.

［129］Hsu, C.W., Lien, Y.C., Chen, H.R&D Internationalization and Innovation Performance［J］. International Business Review, 2015, 24（2）: 187–195.

［130］Huang Shuxian, Wang Qian.Reverse Technology Spillover from Outward FDI : The Case of China［C］. Nanchang, China : International Conference on Management of Ecommerce and E–Government, 2009 : 550–553.

［131］Humphrey, J., Schmitz, H. How Does Insertion in Global Value Chain affect Upgrading in Industrial Clusters［J］. Regional Studies, 2002, 36（9）: 27–101.

［132］Humphrey, J., Schmitzh. Governance and Upgrading : Linking Industrial Cluster and Global Value Chain Research［C］. IDS Working Paper 120,

Brighton : Institute of Development Studies, 2000.

［133］Johanson, J., Wiedersheim-Paul F. The Internationalization of the Firm—four Swedish Cases ［J］. Journal of Management Studies, 2010, 12（3）: 305-323.

［134］Johanson, J. and J-E. Vahlne.The Internationalization Process of the Firm : A Model of Knowledge Development and Increasing Foreign Market Commitments ［J］. Journal of International Business Studies, 1977, 8（1）: 23-32.

［135］Kogutb. Designing Global Strategies : Comparative and Competitive Value-added Chains ［J］. Sloan Management Review, 1985, 26（4）: 15-28.

［136］Kotabe, M., Mishra, H. A. Determinants of Cross-national Knowledge Transfer and Its Effect on Firm Innovation ［J］. Journal of International Business Studies, 2007, 38（2）: 259-282.

［137］KRUGMAN, P. Growing world trade : causes and consequences ［C］. Brookings Papers on Economic Activity, 1995.

［138］Kumar, N. Determinants of Location of Overseas R&D Activity of Multinational Enterprises : The Case of US and Japanese Corporations［J］. Research Policy, 2001, 30（1）: 159-174.

［139］Kurokawa, S., Iwata, S., Roberts, E.B. Global R & D Activities of Japanese MNCs in the US : A Triangulation Approach ［J］. Research Policy, 2007, 36（1）: 3-36.

［140］Li, J., Rajiv Krishnan Kozhikode. Developing New Innovation Models : Shifts in the Innovation Landscapes in Emerging Economies and Implications for Global R&D Management ［J］. Journal of International Management, 2009, 15（3）: 328-339.

［141］Li, J., Rajiv Krishnan Kozhikode. Knowledge management and Innovation Strategy : The Challenge for Latecomers in Emerging Economies ［J］. Asia Pacific Journal of Management, 2008, 25（3）: 429-450.

［142］Liu, J., Wang, Y., Zheng, G. Driving Forces and Organisational Configurations of International R&D : The Case of Technology-intensive Chinese Multinationals ［J］. International Journal of Technology Management, 2010, 51

(2 /3 /4）：409-426.

[143] Lukas, B. A., FerrellO, C. The Effect of Market Orientation on Product Innovation [J]. Journal of the Academy of Marketing Science, 2000, 28（2）：239-247.

[144] Markusen, J. R. and A. J. Venables.The Theory of Endowment, Intra-industry and Multinational Trade [J]. Journal of International Economics, 2000, 52（2）：209-234.

[145] Mcguire, J. W. Management theory：Retreat to the Academy [J]. Business Horizons, 1982, 25（4）：1-37.

[146] Minbaeva, D.B. Knowledge Transfer in Multinational Corporations[J]. Management International Review, 2007, 47（47）：567-593.

[147] Minin, A.D., Zhang J., Gammeltoft, P.Chinese Foreign Direct Investment in R&D in Europe：A New Model of R&D Internationalization?[J]. European Management Journal, 2012, 3（3）：189-203.

[148] Minin, A.D., Zhang Jieyin, Gammeltoft, P. Chinese Foreign Direct Investment in R&D in Europe：A New Model of R&D Internationalization[J]. European Management Journal, 2012, 30（3）：189-203.

[149] Minin, A.D., Zhang Jieyin.An Exploratory Study on International R&D Strategies of Chinese Companies in Europe[J]. Review of Policy Research, 2010, 27（4）：433-455.

[150] Napshin, S.A., Azadegan, A.Partner Attachment to Institutional Logics：The Influence of Congruence and Divergence [J]. Journal of Manage-ment & Organization, 2012, 18（4）：481-498.

[151] Napshin, S.A., Azadegan, A.Partner Attachment to Institutional Logics：The Lnfluence of Congruence and Divergence [J]. Journal of Manage-ment & Organization, 2012, 18（4）：481-498.

[152] Narula, R.Globalization & Technology：Interdependence, Innovation Systems and Industrial Policy [M]. Polity Press in Association With Blackwell Piblishing Ltd., 2003.

[153] Park, B.I, Choi, . J.Control Mechanisms of MNEs and Absorption of Foreign Technology in Cross-border Acquisitions [J]. International Business Review,

2014, 23（1）: 130-144.

［154］Pedersen, T. and B. Petersen. Explaining Gradually Increasing Resource Commitment to a Foreign Market［J］. International Business Review, 1998, 7（5）: 483-501.

［155］Peng, M.W., Seung-Hyun, L., Wang D.Y.L.What Determines the Scope of the Firm Over Time? A Focus on Institutional Relatedness［J］. Academy of Management Review, 2005, 30（3）: 622-633.

［156］Petruzzelli, A.M, Albino, V., Carbonara, N. External Knowledge Sources and Proximity［J］. Journal of Knowledge Management, 2009, 13（5）: 301-318.

［157］Picci L. The Internationalization of Inventive Activity: A Gravity Model Using Patent Data［J］. Research Policy, 2010, 39（8）: 1070-1081.

［158］Prasada Reddy.New Trends in Globalization of Corporate R&D and Implications for Innovation Capacity in Host Countries: A Survey from India［J］. World Development, 1997,（25）: 1821-1837.

［159］Rama, R.Foreign Investment Innovation: A Review of Selected Policies ［J］. Journal of Technology Transfer, 2008, 33（4）: 353-363.

［160］Richard Florida . The Globalization of R&D: Results of a survey of Foreign-affiliated R&D Laboratories in the USA［J］. Research Policy, 1997, 26（1）: 85-103.

［161］Rob, R. and N. Vettas. Foreign Direct Investment and Exports with Growing Demand［J］. Review of Economic Studies, 2003, 70（3）: 629-648.

［162］Serapio, Manuel G Jr, Dalton, Donald H.Foreign R&D facilities in the United States.Research Technology Management.Arlington［J］. 1993, 36: 26-30.

［163］Shleifer, A., Vishny, R.W. Stock Market Driven Acquisitions［J］. Journal of Financial Economics, 2003, 70（3）: 295-311.

［164］Siedschlag, I., Smith, D., Turcu, C., et al.What Determines the Location Choice of R&D Activities by Multinational Firms?［J］. Research Policy, 2013, 42（8）: 1420-1430.

［165］Ulrich, K. T. and Eppinger, S. Product Design and Development［M］.

New Work : McGraw-Hill, 1995.

[166] Von Zedtwitz M., Gassmann, O. Market Versus Technology Drive in R&D Internationalization : Four Different pat-terns of Managing Research and Development [J]. Research Policy, 2002, 31 (4): 569-588.

[167] Von Zedtwitz M. International R&D Strategies of TNCs from Developing Countries : The Case of China [C]. Geneva : Globalization of R&D and Developing Countries : Proceedings of the Expert Meeting, 2006 : 117-140.

[168] Wang, C.H., Hsu, L.C., Fang S R.The Determinants of Internationalization : Evidence from the Taiwan High Technology Industry [J]. Technological Forecasting & Social Change, 2008, 75 (9): 1388 – 1395.

[169] Wei, Y. Q., N. Zheng, X. H. Liu and J. Y. Lu.Expanding to Outward Foreign Direct Investment or Not? A Multi-dimensional Analysis of Entry Mode Transformation of Chinese Private Exporting Firms [J]. International Business Review, 2014, 23 (2): 356-370.

[170] Wu, F.S.Internationalisation of Research and Development : The Case of Taiwanese Firms [J]. International Journal of Technology Management, 2007, 39 (3-4): 297-310.

[171] Yang, X., Yi Jiang, Rongping Kang, et al. A Comparative Analysis of the Internationalization of Chinese and Japanese Firms [J]. Asia Pacific Journal of Management, 2009, 26 (1): 141-162.

[172] Zeschky, M., Daiber M., Widenmayer, B., et al.Coordination in Global R&D Organizations : An Examination of the Role of Subsidiary Mandate and Modular Product Architectures in Dispersed R&D Organizations [J]. Technovation, 2014, 34 (10): 594 – 604.